JN034152

GIGAスクール **はじめて日記** ③

情報端末
持ち帰り

▶堀田龍也・山本朋弘・佐藤和紀・三井一希[編著]

🌸さくら社

主体的な学びを支援するために

本書は、児童生徒の主体的な学びを支援することをめざし、1人1台の情報端末の持ち帰りをこれからスタートする学校や、地域に参考となる内容を提供します。日頃から持ち帰りを実践している学校の好事例を紹介し、その進め方のポイント・留意点を解説します。

1 GIGAで整備は進んだが

　GIGAスクール構想によって、公立小中学校において、児童生徒1人1台の端末環境やクラウド環境が提供され数年が経とうとしています。GIGAスクール構想によって、最先端技術を用いた教育やスタディログ等によるデータの蓄積が期待されています。

　しかし、こうした環境整備が進む一方で、地域や学校において、その取り組みの質的な格差が生じています。1人1台の情報端末やクラウド環境が授業で活用されるようになってきましたが、それらの授業はいまだに教師主導の授業であり、従来の授業を延長した実践が見られます。

　現状では、児童生徒の学びを中心に据えた授業での活用とは言い難いのです。学校現場において、教師主導の授業から子ども主体の授業へと授業観を転換し、1人1台端末やクラウド環境を児童生徒の学習に積極的に取り入れ、個別最適な学びや協働的な学びを構築することが期待されています。

2 家庭への持ち帰り

　1人1台の情報端末を家庭に持ち帰り、家庭と授業をつないだ児童生徒中心の学びを生み出す好事例も見られるようになりました。それらの好事例では、従来の学力観にとらわれず、思考力・判断力・表現力等、学びに向かう力といった、新時代に必要な資質・能力を育成することを目指しています。

　児童生徒の学びが、授業に止まらず、家庭や地域といった授業以外での場面とシームレスにつながっていくことで、主体的・対話的で深い学びの実現が期待できます。そして、1人1台端末とクラウド環境を積極的に活用することで、これらの授業と授業以外が連続した学びを支えることが可能となります。

　これらの好事例は、授業者目線で見ていく必要があります。好事例を生み出した実践者が事例を紹介して、学校現場の多くの教員が学び取ることは、研修等でも有効であり、今後授業改革に取り組もうとする学校や自治体にとって貴重な実践成果と言えます。

3 児童生徒の主体的な学びが目的

　各地域や各学校で、端末を持ち帰る活動を推進する動きが出てくるようになってきました。これは、GIGAスクール構想で整備した環境を有効活用する上でも重要ではあります。

　しかし、「なぜ、家庭に情報端末を持ち帰る必要があるのでしょうか?」そのことをしっかり考えておくことが必要だと感じています。

　そもそも、端末を家庭に持ち帰ることそのものが、取り組みの目的ではないはずです。家庭や地域において、児童生徒が主体的に学習を進めるためのツールとして、情報端末を持ち帰り、学習を展開するわけです。

例えば、これまで課題として、紙で配付したドリルプリントに取り組ませていましたが、そのドリルをデジタル化して取り組ませることも必要かもしれません。しかし、それに止まらず、児童生徒が学習ツールとして情報端末を自ら選び、家庭や地域での学びに主体的に活かしていくことが求められています。

４ できそうな事例から

情報端末の持ち帰りをどう進めたらよいか？ 何からはじめたらよいのか？ そういった質問や悩みを学校や教育委員会からいただきます。それらの悩みを解決できるよう、本書で取り上げる事例は、持ち帰りがはじめての学校やクラスでも取り組みやすい実践内容となっています。また、家庭での学習が児童生徒主体へ移行できるよう、スモールステップで進められるように構成しています。

さらに、どのような特徴があるのか、どのような点に配慮して進めればよいか、編者がわかりやすく解説するようにしています。

５ 日頃の環境を活かす

GIGA スクール構想では、1 人 1 台端末と同時に、クラウド環境が整備されていますから、児童生徒が授業で情報端末を活用する際、クラウド環境を日頃から活用しているはずです。そのクラウド環境を家庭や地域でも活用することで、日頃の環境を活かして、スムーズな活用が展開できます。

本書では、日頃児童生徒が活用しているクラウド環境として、Chromebook と Google Workspace for Education を活用した事例を取り上げます。多くの学校や地域で参考にすることが可能となります。

６ 本書の構成

本書は、まずは編者による解説を示して、その後に、具体的な事例を紹介するよう構成しています。

「授業や家庭学習をつなぐ教育 DX」では、なぜ、情報端末を家庭に持ち帰って学習するのか、その社会的な背景や活用の必要性について提示しています。ここでは、東北大学大学院の堀田龍也教授に解説いただきます。

次に、「情報リテラシーと保護者の連携」では、家庭での活用に関する ICT スキルアップと保護者の理解や連携について説明しています。ここでは、信州大学教育学部の佐藤和紀准教授に解説いただきます。

さらに、「授業と家庭の学びをつなぐ」では、Google for Education を活用した事例ブック、Web サイト との連携について提示しています。ここでは、山梨大学教育学部の三井一希准教授に解説いただきます。

そして、「授業と家庭学習をつないだ実践事例」を紹介していきます。小学校 23 件、中学校 11 件の合計 34 件の実践事例を記載しています。これらの事例は、普段から情報端末を持ち帰っている学校や地域で実践されています。特別に実践したものではありませんので、これからスタートする学級でも取り組みやすい内容です。

【コラム】では、地域全体で進めるポイントを、先進的に取り組んでいる 3 つの自治体の担当者が説明しています。学校や地域での格差を生まないように、自治体関係者が参考にしてほしい内容です。

最後に、授業と家庭学習をつなぐパターンとして、4 つの類型でまとめています。持ち帰りの全体像を把握し、学校や地域全体で進めていく際の参考となる資料です。

くり返しになりますが、これから持ち帰りをスタートする学校や地域で参考にしていただき、子どもたちの主体的な学びを支援してほしいと考えています。

授業と家庭学習をつないだ実践事例

小学校

中学校

そもそもどうして、持ち帰り?

授業や家庭学習をつなぐ教育DX ❶　堀田龍也　東北大学大学院情報科学研究科・教授 /
東京学芸大学大学院教育学研究科・教授

情報端末の持ち帰りを考えるために 家庭学習の意義を再確認する

情報端末の持ち帰りによる家庭学習には、どんな学習が期待されているのでしょうか。
このことを考える前に、そもそも私たちは何を期待して家庭学習を課してきたのでしょうか。
ここでは、家庭学習の意義について学習指導要領をもとに再確認します。

❶ はじめに

　この書籍は、情報端末の持ち帰りによる家庭学習について、その考え方や実践を紹介するものです。

　そもそも、情報端末の持ち帰りによる家庭学習では、どのような学習が期待されているのでしょうか。

　この問いに答えるために、ここではまず、従来の家庭学習は何のために行われていたのかという点から再確認していきましょう。

　なお、ここでは「家庭学習」と呼びますが、学ぶ場所は家庭に限らず、学童や児童クラブなどで放課後に学習する場合も含めています。

❷ 学習指導要領における「家庭学習」

　そもそも家庭学習は、学習指導要領にはどのように位置付けられているか、考えてみたことはあるでしょうか。

　小学校学習指導要領には各教科等の目標や内容が書かれていますが、その前に総則という章があり、ここには学校の教育課程全体に関わる事項が書かれています。小学校学習指導要領の総則の第1章「総則」の第1「小学校教育の基本と教育課程の役割」2の(1)には、以下のような記述があります（以降、下線は筆者）。

　　基礎的・基本的な知識及び技能を確実に習得させ，これらを活用して課題を解決するために必要な思考力，判断力，表現力等を育むとともに，主体的に学習に取り組む態度を養い，個性を生かし多様な人々との協働を促す教育の充実に努めること。その際，児童の発達の段階を考慮して，児童の言語活動など，学習の基盤をつくる活動を充実するとともに，<u>家庭との連携を図りながら，児童の学習習慣が確立するよう配慮すること。</u>

　この部分の詳細な説明は、小学校学習指導要領解説総則編に第3章「教育課程の編成及び実施」の第1節「小学校教育の基本と教育課程の役割」の2「生きる力を育む各学校の特色ある教育活動の展開」の(1)「確かな学力」に、次のように示されています。

　　加えて本項では，「家庭との連携を図りながら，児童の学習習慣が確立するよう配慮すること」の重要性を示している。<u>小学校教育の早い段階で学習習慣を確立することは，その後の生涯にわたる学習に影響する極めて重要な課題であることから，</u>家庭との連携を図りながら，<u>宿題や予習・復習など家庭での学習</u>

10

課題を適切に課したり，発達の段階に応じた学習計画の立て方や学び方を促したりするなど家庭学習も視野に入れた指導を行う必要がある。

これらの記述をもとに、家庭学習について整理しておきましょう。

まず、小学校学習指導要領そのものに「家庭学習」という用語はありません。近い言い回しとして「家庭との連携を図りながら、児童の学習習慣が確立するよう配慮すること」という表現があります。このことについて小学校学習指導要領解説では「家庭学習」という用語を用いて「家庭学習も視野に入れた指導を行う必要」という説明をしています。

これらの文章から、家庭学習の目的とするところは、学習習慣の確立にあることが分かります。従来の家庭学習では、一般には学力の補充が第一の目標のようなイメージがあるかも知れませんが、少なくとも学習指導要領上では学習習慣の確立が優先されていることになります。また、学習習慣の確立のために「宿題や予習・復習など家庭での学習課題を適切に課」すことと「発達の段階に応じた学習計画の立て方や学び方を促したりする」ことの2点が例示されています。前者は学力の充実にあたることですが、後者は自律的な学び方の習得や、自己調整学習につながる能力の育成を期しているのです。

見逃してはならないのは「小学校教育の早い段階で学習習慣を確立することは、その後の生涯にわたる学習に影響する極めて重要な課題である」という記述です。学習指導要領に明記されている学習習慣の確立は、生涯にわたって学び続けることになる今後の時代を生きていく児童生徒に大きな影響を与える「極めて重要な課題」なのです。しかも「小学校教育の早い段階で」と書かれています。

とても重い表現です。

「家庭との連携を図りながら」であるから、家庭学習の主な責任主体はあくまで学校であり、家庭は連携を図る存在であることが分かります。また「家庭学習も視野に入れた指導」という表現がこれを支持しています。

ちなみに、中学校学習指導要領にも「家庭との連携を図りながら、生徒の学習習慣が確立するよう配慮すること」という表現があります。また中学校学習指導要領解説の総則編には「小学校教育の早い段階で学習習慣を確立」の代わりに「小・中学校を通して学習習慣を確立」と書かれており、義務教育段階で一貫して学習習慣を確立するために家庭学習が奨励されていることが分かります。

まとめましょう。大切なことは、家庭学習の目的は学習習慣の確立であり、それは生涯にわたる学習に影響する極めて重要なことだということ。毎日の家庭学習は、実は遠くを見据えた目的のためのものなのです。

❸「家庭学習」の内容の再点検

では、家庭学習で一般的に課されている内容について、学習指導要領に示された家庭学習の目的の観点から吟味していきましょう。

小学校学習指導要領解説において学習習慣の確立のために例示されているのは、「宿題や予習・復習など家庭での学習課題を適切に課」すことと「発達の段階に応じた学習計画の立て方や学び方を促したりする」の2点でした。

まず、前者から検討していきましょう。

「宿題や予習・復習」と書かれていることから、宿題と予習・復習は区別されていることが分かります。従来の宿題とは一般に、授業の補完のために課された課題であることが多いでしょう。それに対して予習・復習は、

児童生徒が自律的に取り組むべきこととして位置付いているわけです。

家庭での学習課題を適切に課すのは教員の役割です。「適切に」というのは、授業との連動への配慮や、児童生徒にとって過負担にならないような配慮といったことでしょう。学習課題を課した以上、それが達成されているかを確認することも教員の責任の範疇です。もちろん教員にとっても過負担にならない確認の仕方の工夫が必要です。たとえば、提出チェックは係活動に位置付けている学級もあるでしょうし、答え合わせは自己評価として各自に行わせるようにしている学級もあるでしょう。ただでさえ多忙な教員が、丸付けに翻弄されているようでは本末転倒です。

続いて後者の「発達の段階に応じた学習計画の立て方や学び方を促したりする」を検討していきましょう。

学習計画の立て方について、授業等を通して指導している学級はどの程度あるでしょうか。学習計画を自分で立てるスキルは、自己にとっての問題の発見と、その解決のための実行の段取りを立てるということです。まさに自己調整学習の能力につながる重要なスキルです。仮に教員が宿題を決めて与えるだけで、児童生徒から見たら単なるノルマなのだとしたら、学習計画の立て方を促すことにはほど遠いということになります。

次に「学び方を促したりする」はどうでしょうか。宿題や予習・復習は、自分の学習をよりよく達成させるために必要な方法であり、だからこそ学校外でも課されています。児童生徒がそのことを理解し、宿題や予習・復習に関する自分の進め方を自覚的に振り返るような仕組みづくりが重要になります。

学習計画の立て方の指導も学び方を促す指導も、学習内容そのものではなく、学習方法とそのメタ認知に関わるスキルの育成です。日々の家庭学習が、生涯にわたって学ぶことになる児童生徒の学びの推進力を養っているということです。

これらのスキルは、当然ながら最初から身についているものではありません。まさに「発達の段階に応じ」て育成されるべきことです。ならば余計に教員の役割は重要です。自分の学級の状況について、全体的にどの程度のスキルが育ってきているかということの見極めだけでなく、個々の児童生徒によってどの程度のバラツキがあるか、個に対応したスキル育成にどれだけ目を配っているかがポイントになります。

最後に、定められた分量やペースで宿題などのノルマをこなしていくということについて検討しておきましょう。

本来的には児童生徒がその分量やペース配分を自己決定できるようにしていくことが望まれます。それができることが学習計画の立て方が備わったということですから、最初は一律の課題量だとしても、慣れていくにつれて次第に数日単位で分量やペース配分を決めさせたり、どの課題を先にやるかなどの学習順序を決めさせたりするような柔軟な仕組みが必要です。

また、どちらかというと学力が十分ではない児童生徒にとっては、取り組む意欲がわきにくかったり、場合によってはつじつまを合わせるために解答を丸写ししてしまったりするなどの現象も生じます。これでは家庭学習の意味が失われてしまいます。

このことこそが「家庭との連携を図りながら」行うべき点です。教員は学習課題と同時に身につけさせたいスキル等を児童生徒や保護者に開示し、家庭の協力が得られるようにする配慮を忘れてはなりません。

堀田龍也　東北大学大学院情報科学研究科・教授 / 東京学芸大学大学院教育学研究科・教授

情報端末の持ち帰りによる家庭学習の現状と方向性

情報端末の持ち帰りによる家庭学習は、どの程度行われているのでしょうか。
また、デジタルのよさを活かすためには、どのような学習活動を実施していけばよいのでしょうか。
ここでは、家庭学習の目的を踏まえた情報端末による家庭学習のあり方を検討します。

❶ 情報端末の持ち帰りによる家庭学習

　情報端末の持ち帰りによる家庭学習を検討するために、そもそも家庭学習というものが学習指導要領にどのように位置付いているかを前ページまでで確認してきました。ここから先は、家庭学習の本質的な目的を達成するために、持ち帰った情報端末が役立つための具体的な考え方について検討していくことにしましょう。

　情報端末を持ち帰って家庭学習をすることは、すでに全国で広く行われていることです。よく見られる家庭学習は、計算ドリルのような学習ソフトの指定された範囲をこなすような課題のほか、授業でやり残した学習の整理やまとめ、振り返りのようなこと、あるいは翌日の授業のために動画等を視聴しておくといったような学習でしょう。

　このことから分かるように、情報端末の持ち帰りによる家庭学習は、学校での授業を補完する学習が期待されていることが多いようです。しかし、これまで確認してきたように、家庭学習の目的は学習習慣の確立であり、それは生涯にわたる学習に影響する極めて重要なことです。毎日の家庭学習の積み重ねによって、学習習慣が活用されるように持ち帰った情報端末を活用させたり、教員がその状況を把握したりする必要があります。

　読者のみなさんは、従来の家庭学習ではどんなことをさせていたでしょうか。それらの家庭学習を持ち帰った情報端末で行う場合に、デジタルのメリットがどう活かされているか、という風に考えるとよいでしょう。

　なお、ここで1つ確認しておきます。学習指導要領に示されている家庭学習の目的を達成すること、つまり児童生徒の学習習慣の確立こそが大目標であり、紙か情報端末かというのはあくまで手段の検討になります。ですから、すべてを情報端末に置き換えればよいというわけではないし、紙でできることがいろいろあるからいつまでも紙でよいという話でもありません。私たちはつい、「紙とデジタルのどちらが効果的か」と二項対立のように考えがちですが、それは最終的には児童生徒が自己決定すべきことです。教員も児童生徒も、紙とデジタルのメリットとデメリットを実感し、使い分けるセンスを備えることが大切です。

❷ 情報端末の持ち帰りの現状

　では、情報端末の持ち帰りによる家庭学習の実態はどうでしょうか。ここでは令和4年全国学力・学習状況調査の結果を見ていく

13

ことにしましょう。

学習状況調査の学校質問紙には、ICT を活用した学習状況を把握するための設問がいくつかあります。GIGA スクール構想によって1人1台の情報端末が配備されたこともあり、新しい設問がつくられ、今後も継続的に調査されて経年変化を観察することになっています。

小学校の設問 66、中学校の設問 64 に「児童生徒一人一人に配備された PC・タブレットなどの端末を、どの程度家庭で利用できるようにしていますか」という設問があります。

結果は以下の通りでした。「①毎日持ち帰って、毎日利用させている」と「②毎日持ち帰って、時々利用させている」を合わせると、小学校 27.4 %、中学校 32.8 % でした。情報端末の毎日の持ち帰りは、まだ約 3 割程度しか日常化していないことが分かります。「③時々持ち帰って、時々利用させている」は、小学校 39.3 %、中学校は 29.3 % とボリュームゾーンでした。このように回答した学校が「時々」から「毎日」になるためには、学校の授業での情報端末の活用がさらに進み、児童生徒に情報活用能力が育ち、保護者からみても家庭で情報端末を活用して学ぶ様子に慣れてもらう必要がありますが、このあたりは時間の問題と言えそうです。

問題は「④持ち帰らせていない」が小学校 11.2 %、中学校 13.5 % であることです。GIGA スクール構想がスタートして丸 2 年が過ぎた段階で、まだ情報端末の持ち帰りが進んでいないというのは懸念すべき状況です。さらに「⑤持ち帰ってはいけないこととしている」が小学校 3.1 %、中学校 3.9 % あります。割合は少ないですが、なぜ禁止なのかは理解しかねますし、GIGA スクール構想の方針や「令和の日本型学校教育」の答申の考え方とも反しています。

また、注意を要するのは「⑥臨時休業等の非常時のみ、持ち帰ることとしている」の小学校 18.9 %、中学校 20.4 % の回答です。小学校、中学校ともに約 2 割がこう回答していますが、日頃から持ち帰っていないのに、非常時に急に持ち帰って家庭学習が成立するとは考えにくく、また非常時などさほど多くはないわけで、国費が投じられた GIGA スクール構想による情報端末を日常的に活用しきれていない例だと考えることができます。

とは言え、令和 4 年は上記の結果でしたが、令和 3 年は小学校、中学校ともに「④持ち帰らせていない」が 50 % を超えていたことや、「⑤持ち帰ってはいけないこととしている」もそれぞれ約 15 % ほどだったことを考えれば、情報端末に慣れ、学習の道具としての活用が浸透し、家庭学習においても情報端末の持ち帰りが進んできていることが理解できます。あとは時間の問題でしょう。

❸ これから目指すべき家庭学習

情報端末持ち帰りによる家庭学習の実態は確認できました。では、具体的にはどのような考え方で情報端末を用いた家庭学習を進めていくようにしたらよいのでしょうか。

従来からよく行われていた家庭学習を情報端末で同様に行う場合を考えてみましょう。もちろん大目標は、家庭学習の目的である学習習慣の確立です。

（1）ドリル型のデジタル教材

たとえば、計算ドリルのような教材の指定されたページをこなす課題を、デジタル教材に置き換えることができます。紙のドリル教材は、教材開発の専門的な会社が、教科書を丹念に分析して開発していますので、長年のノウハウの蓄積があります。一方、ドリル型のデジタル教材には、多くの学習者の学習ロ

グから各問題の難易度が推定されており、当該の問題を間違った場合に次に解くべき問題をリコメンドするような機能があります。

このようなデジタル教材の場合、教材がリコメンドしてくる問題を次々に解くことや、正解にいち早く辿り着くことを繰り返すゲームのように児童生徒が勘違いしないように心がけさせる必要があります。自分はどのような問題で間違う傾向にあるのか、それに対してこれからどう対処していくのかなど、具体的に記録させ、教員と対話してより自覚的になっていくような支援が必要です。

（2）授業時のやり残しへの対応

授業中に終わりきれなかった学習を家庭学習の課題にさせてきた例は従来からあったことでしょう。授業中は時間が不足してしまった子も、学校外で少し時間をかけて学習成果を整頓したいということがあるはずです。

授業で情報端末を用いた学習活動が行われれば、その学習成果はクラウド上に常に置かれます。他の児童生徒の進捗状況やまとめ方も可視化されています。これを活かし、児童生徒同士、学び方の異同を積極的に意識させ、取り入れた方がよいと判断した工夫は取り入れさせるよう促すとよいでしょう。

（3）予習・復習

授業の予習・復習をすることが、授業時間をよりよく過ごすことになることを日頃から実感させておけば、積極的に取り組むようになります。

情報端末からはインターネット上の学習動画にアクセスすることができます。教育YouTuberによる学習内容の解説はなかなか上手なものですし、塾などでも活用されています。また、デジタル教科書が配備されている学校では、自分の理解が十分ではないとこ

ろにマーカーを引いておくようなこともできます。

Google Classroom 等で翌日以降の学習内容を教員が事前に指示しておけば、児童生徒が見通しをもち、必要な情報を集めておいたり、授業前にすでに知っていることや疑問に思うことを書き出したりしておくこともできます。反転授業のように、事前に知識がある程度備わるような学び方を推奨しておけば、授業中は話し合ったり内容を深めたりすることに時間を割くことができます。

座学のような学習にとらわれる必要もありません。たとえばダンスの練習、リコーダーの練習などは、模範となる動画をもとに自分のペースで練習することができます。その成果を情報端末で動画に収め、クラウドに提出するようなことも可能です。

以上、家庭学習で想定される活動ごとに考え方を書いてきましたが、これらに共通するもっとも重要な点は、家庭学習の目的につながっているかを児童生徒に自覚させる手立てです。活動の内容や作業の状況を教員に報告させ、振り返って自分の学びはどんな状況か、うまくいっていることや困っていることは何か、次に努力すべきは何かなどについて、メタ認知させる仕組みづくりが大切です。これまでは丸付けなどに時間を割いてきたかもしれませんが、これからは児童生徒の自律的な学びのコンサルテーションこそが教員の役割として重要になってくるのです。

なお、ここでは十分に触れることはできませんでしたが、長期休業中の学習の進捗が可視化され、他の児童生徒ががんばっていることを知ることができれば、自分もがんばろうと思うものです。また、不登校傾向のある児童生徒も、オンライン経由であれば参加できる学習活動は多くあるものです。

佐藤和紀 ●信州大学教育学部・准教授

学校で情報活用能力を育成する

学校で情報活用能力をどの段階でどのように習得・発揮させていけばよいか、
悩みをもつ教員は多い。何のために情報活用能力を育成するのか、
いつ、何を習得させていくかについて解説する。

1 学習の基盤となる資質・能力

小学校学習指導要領（平成 29 年告示）解説 総則編（第 1 章第 2 の 2 の（1））には、学習の基盤となる資質・能力は次のように記述されている。

(1) 各学校においては、児童の発達の段階を考慮し、言語能力、情報活用能力（情報モラルを含む。）、問題発見・解決能力等の学習の基盤となる資質・能力を育成していくことができるよう、各教科等の特質を生かし、教科等横断的な視点から教育課程の編成を図るものとする。

言語能力の育成は、これまでも授業中や授業以外の場面で言語活動を通して行われてきたので、そのことはイメージしやすいと考えている。国語科以外でも、話すこと・聞くこと・話し合うこと・書くこと・読むことは行

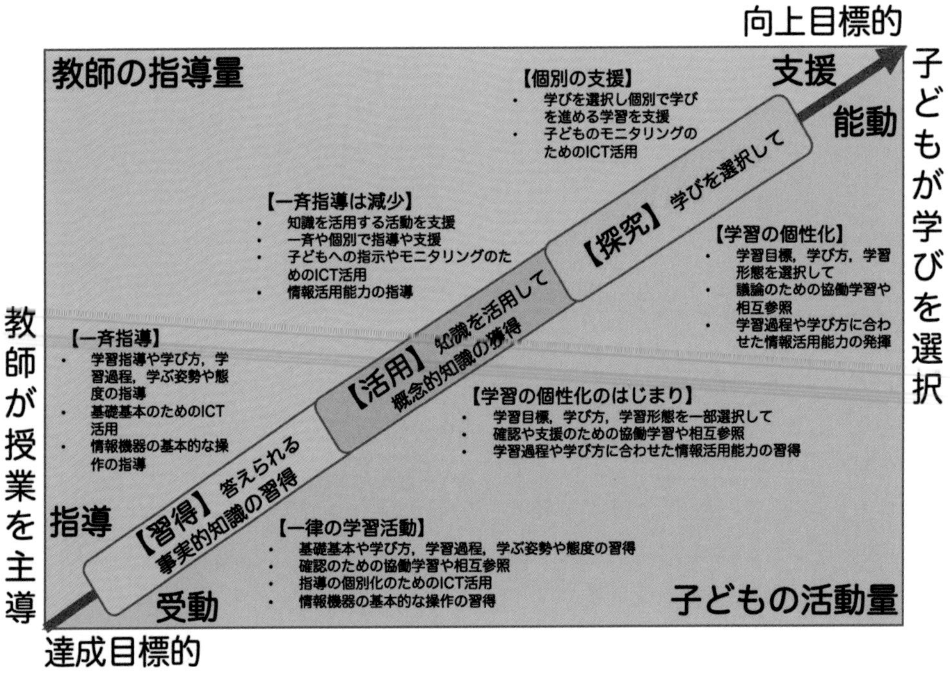

図 1　習得・活用・探究と教師の指導量・子どもの活動量との関係

われてきた。宿題で日々の日記を書くというような活動もその1つとして捉えることができるかもしれない。このように考えていくと、情報活用能力や問題発見・解決能力等についても授業中のみならず、様々な場面で育成していくことが考えられる。

❷ 児童生徒が学びを選択する授業に向かって

令和3年（2021年）1月の中央教育審議会答申（文部科学省2021）では、児童生徒1人1台の情報端末を活用しながら個別最適な学びと協働的な学びを一体的に充実することが明記されている。その中で、情報活用能力とは、いつ身につけ、いつ発揮させていく必要があるのだろうか。また、教員も児童生徒もいつ必要だと思うのだろうか。

佐藤ほか（2022）では、教員の発話数は、児童生徒の学習活動の違いに従って増減することが分かっている。図1は、教員の指導量と児童生徒の活動量を中心にして、教員が主導する授業から児童生徒が学びを選択する授業へと向かっていくクラスの様子を表したものとなる（筆者作成）。この図をふまえて、情報活用能力の必要性やその習得や発揮の段階を考察する。

図2　算数の学習活動を通して情報端末に慣れる1年生（静岡市立伝馬町小学校）

図3　事実や意見、感想をクラウドに共有して比較したり確認したりする活動の例（春日井市立出川小学校）

❸ 習得の段階

習得の段階では教員の指導量が多く、一斉で学習内容、学び方、学習過程、学ぶ姿勢や態度を教える段階となる。このとき児童生徒はよい姿勢で聞いたり、指示や説明に従って書いたり読んだりしながら学ぶ。教室の雰囲気としては、教員は黒板の前に立ち、児童生徒全員の方を向き、児童生徒は全員が黒板や教員の方を向き、学習をする。

ICT活用としては、教員が基礎基本を教える段階のため、実物投影機で大きく示したり、焦点化して示したりして、分かりやすく教えていく。またフラッシュ型教材を活用して繰り返し見せたり、読ませたりして習得の場面をつくる。児童生徒は、AIドリル等を活用して、自分にとっての得意不得意を自覚しながら習得していく。

また、小学校低学年段階や、年度のはじめには情報機器の操作に関する確認的な意味も含め、学習活動の一部に情報端末での操作的な活動を取り入れながら、情報機器の基本的な操作に慣れていくこととなる。

さらにクラウドを活用して、事実の確認的な作業等において協働学習や相互参照をする。このような活動を通して情報端末に触れたり慣れたりすることで、情報機器の基本的な操作を習得していく。

この段階では、教員が一律に指示説明をして、みな同じように活動をする。これは基盤中の基盤となる力を習得する段階であり、身につけておくべき学習内容の習得、情報機器の基本的な操作の習得の段階のため、学習目標もゴールが決まっている達成目標的なものになると言える。

4 活用の段階

活用の段階では、教員の指導量は習得の段階に比較すれば減少し、習得の段階で得た知識や技能を活用しながら、児童生徒が学習活動をする時間が増えていく。また、一部の学習活動に関しては、教員が指示して一律に進むわけではなく、児童生徒自身が評価基準や学び方、学習形態の一部を選択する段階となっている。教室の雰囲気としては、一斉で授業が進行する場面もあれば、児童生徒だけで学習活動が進行する場面も増える。

ICT活用としては、教員が指導のために学習内容を示すような活用の段階から、共通の学習過程や教材を示したり、児童生徒の状況をクラウド上でモニタリングをしたりする、支援の段階に移行していく。

児童生徒のICT活用も増えていく。例えば、習得した内容を整理してプレゼンテーションをしたり、文章に整理したりする活動がある。

このときに、習得してきた情報機器の基本的な操作が活かされてくる。しかし、プレゼンテーションにせよ文章にせよ、よりよい表現の仕方を求めたり、引用や著作権の指導、配慮すべき情報モラルや情報セキュリティも必要になってくることもある。

調べたり整理したりまとめたりする活動では、情報の収集や整理・分析、まとめ・表現の際に必要になる情報活用能力が求められるようになってくる。したがって、教員も児童生徒も、情報機器の基本的な操作よりもより高度な情報活用能力が必要だと考えるようになる。この段階にくると、教員は児童生徒に対して、さらに詳しく細かく情報活用能力を教えたくなるはずだ。また、この段階では、情報活用能力と学習過程との関係を意識させるようになっていくはずだろう。

5 探究の段階

探究の段階では、教員の指導量は習得の段階に比較して減少し、むしろほとんどが個別に支援する段階になっていく。また、教員は授業の最初と最後に一斉で指示をしたりまとめたりする程度となり、児童生徒自身が、評価基準や学び方、学習形態の多くを選択する段階となる。教室の雰囲気としては、評価基準も学び方も学習形態も児童生徒1人

図4 調べたり整理したりまとめたりする活動の例（信州大学教育学部附属松本小学校）

図5 学習形態を生徒の判断で行うときの雰囲気の例（静岡県吉田町立吉田中学校）

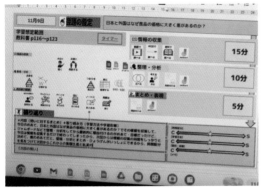

図6　クラウドで共有された評価基準や学び方を選択する学習計画シート（信州大学教育学部附属松本小学校）

ひとりが選択・決定するため、1人で学習に取り組むこともあれば、ペアや複数人のグループになって進むことも生じる。これらは、Google Chat などのクラウドツールで状況が常に共有されており、児童生徒は課題意識や必要に応じて学習形態を変化させていくが、この意志決定も児童生徒に任されている状態だ。

ICT 活用としては、教員は学習過程や教材を示す段階から、方針やスケジュールのみを示すような段階に移行する。また、さらに児童生徒の状況をクラウド上でモニタリングする、という支援の段階に移行していく。

また、学習目標、学び方、学習形態を1人ひとりが選択して学習に取り組むことを前提にしている。クラウド上では、リアルタイムで議論するための協働学習や、相互参照、自己の学習課題や学習問題を解決していくための学習活動が1人ずつ行われている。そのため、児童生徒の ICT 活用では、学習過程や学び方に合わせた情報活用能力が発揮されている。

この段階では、情報活用能力が熟達し、情報端末の操作やクラウドの活用が自由自在にできていると言えるだろう。

個別最適な学び、とりわけ学習の個性化では、めあてや学習の進度、学習形態などが児童生徒1人ひとり違うことが前提となる。

例えば、まずルーブリックの選択があるとする。ある児童は A、ある児童は B を選択するとする。次に、A はどのように目指すのか、その行動目標を児童が設定すると、それぞれ違うので、ある児童は教科書で調べ、ある児童は Web サイトで調べることだろう。次に、調べた情報を比較して考える、考えた結果を Google ドキュメントに入力してまとめる、Google スライド に表現して発表する、等と学び方も様々な場合がある。

このように考えていくと、情報の収集にも様々なメディアがあって、目的を達成できそうなメディアを選択して情報を収集する力が必要となる。したがって、高度な判断を要する情報活用能力が必要になる。一斉指導では、ICT を活用しようとも、指示に従って取り組めればよいので、ある意味で判断する必要はなく、ICT スキルさえあれば十分と考えられてしまうだろう。個別になればなるほど、情報活用能力の重要性が増してくるはずである。

〈参考文献〉
中央教育審議会（2021）「令和の日本型学校教育」の構築を目指して 〜全ての子供たちの可能性を引き出す、個別最適な学びと、協働的な学びの実現（答申）（参照日 2022.12.03）
佐藤和紀、南條優、遠藤みなみ、三井一希、堀田龍也（2022）1人1台の情報端末を活用して子供主体の学習を目指す授業における教師歴の影響による児童の学習活動と教師の発話の分析. 日本教育工学会論文誌、46（Suppl.）：S46037

家庭でも情報活用能力を育成するために

漢字ドリルや日記、作文などは従来、家庭学習（宿題）で取り組まれてきた。
授業だけでは言語能力の育成が足りなかったからだ。情報活用能力も言語能力と同様、
学習の基盤としての資質・能力であって、家庭でも取り組むことが必要だ。

情報端末を持ち帰り、家庭で学習を進める、あるいは休校でオンライン授業に参加するためには、児童生徒にどんな情報活用能力が必要とされるのだろうか。また、家庭で情報活用能力を育むためにはどんな内容でどの程度取り組めばよいのだろうか。

❶ まずは保護者を味方にする

まず、情報端末を持ち帰り、学習をしていくためには、保護者の理解が不可欠だ。しかし、持ち帰りが進んでいない自治体や学校を見ると、保護者への情報提供など、理解してもらうための取り組みがあまりなされていないように見受けられる。

私たち教員はほとんどが、自分の子ども時代に、あるいは教員になってからも GIGA スクール構想がはじまるまで、日常的に情報端末を活用する環境にはなかったし、もちろん学校で情報端末を活用して学習する機会ははとんどなかった。

教員に関して言えば、文部科学省の施策、教育委員会からの情報共有があるうえに、GIGA スクール構想後はたくさんの研修をしてきたので、ICT が苦手な教員だとしても、情報端末を活用する意味や意義、活用方法はなんとなくわかるだろう。しかし、保護者に関しては、ニュース等で時々そのことを知る

としても、なぜ情報端末を使って授業をしなければならないのか、それによっていわゆる学力（資質・能力）の向上がなされるのか、情報端末を持たせると勉強ではなく、遊びに使われてしまうのではないか、目が悪くなったり姿勢が悪くなったりするのではないか……といったネガティブなイメージをもたれることが非常に多い。

それは、人は自らの経験からでしか物事を考えられず、自分が取り組んできた学習経験を元にして考えてしまうためだ。これは保護者が悪いわけではなく、人間とはそういうものであるから、仕方のないことなのだ。

もちろん社会の変化に敏感な保護者もいて、もっと情報端末を使うべきだ、もっと以前から使った方がよいと思っていたという保護者もいる。しかし、多くの保護者は、なんだかよく分からない、というのが正直なところだろう。

保護者に理解してもらうためには、教育委員会から出された通知を流用して配布するだけではなく、日常的にその便利さや必要感を実感してもらいつつ、「端末を勉強に使う」というイメージをもってもらわなくてはならない。

日常的に ICT やクラウドが便利だと実感してもらうためには、例えば出席連絡を連絡帳

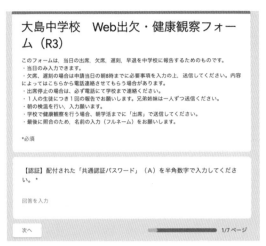

写真1 Web出欠・健康観察フォーム（三条市立大島中学校 2021）

や電話を中心とした連絡手段ではなく、クラウド化し、Google フォームを活用することだ。朝が忙しいのは学校だけではなく社会も同じ。そんな時間に電話や連絡帳ではなくクラウドを活用すれば、学校も便利なうえ、保護者も便利さを実感する（写真1）。

❷ 保護者に情報活用能力をイメージしてもらう

次に、情報端末を勉強に使うイメージをもってもらうためには、日頃からの情報共有はもちろんのこと、児童生徒と同じように体験してもらうことが、説得力の向上に繋がりやすい。

私は2012年頃から情報端末を1人1台の環境で活用して学習を進めてきた。あの頃は、今よりももっともっとICT活用に関する理解がなかった時代だったので、保護者懇談会等で保護者が学校に来られる機会には、必ず体験会を行っていた。

当日は、児童生徒が使っている端末を持ってきてもらう。このとき、情報端末を活用して算数のドリルや漢字の書き取りを体験するだけでは、おそらく「これで本当に勉強になるの？ ノートでもよいのでは？ 書いた方が

勉強になるのでは？」という声が挙がるだろう。そこで、例えば保護者にプレゼンをしてもらうことにした。

テーマは、「（保護者が）みんなに話したいこと」。例えば「我が子」に関することとする。その際、あらかじめ「お子さんの思い出の写真を1枚選び、プレゼンしてください」などとテーマを提示しておき、保護者会までにつくってきてもらう。

写真2 保護者同士でプレゼンテーションを体験する

保護者は家庭で児童生徒からプレゼンの作成の仕方を学びながらつくっていくことになる。時間は、最初は30秒間でもよいと思う。自分で経験してもらうことで、保護者にはたくさんの気づきがある。例えば、「子どもはこんなにプレッシャーを感じながら発表しているのか」「プレゼンするときはこんなにも言葉遣いに注意しないといけないのか」「写真選びをするときにいろいろ考えないといけないな」等（写真2）。

そして何より、情報端末を使うことの効果を体感してもらえる。学校は端末を使って単にドリル学習をさせたいわけではなく、児童生徒に情報活用能力を身につけさせようとしているのだと分かってもらえるような体験を保護者にしてもらうこと。それが、情報端末を持ち帰りへの理解を得る際には最短距離だと思われる。

❸ 情報活用能力の現状を伝える

2022年（令和4年）12月に文部科学省から情報活用能力調査の結果が公表された。この調査は2022年1月～2月にかけて抽出された国公私立の小学校第5学年と中学校第2学年、高等学校第2学年あわせておよそ14,000人を対象（無作為抽出）にCBT（Computer Based Testing）で実施されたものである。キーボードによる文字入力の課題を与えたところ、1分当たりの平均文字入力数は、小学校第5学年（以下小5）が15.8文字、中学校第2学年（以下中2）は23.0文字、高等学校第2学年（以下高2）は28.4文字だった。前回調査（小中学生は平成25年度、高等学校は平成27年）では、小5は5.9文字、中2は15.6文字、高2は24.7文字で、いずれも今回の調査の方が増えている。

児童生徒の情報活用能力がどのような状況なのかも伝えていくことで保護者に理解を促していきたい。

❹ 家庭に端末を持ち帰り始めたら

情報端末を家庭に持ち帰ったら、児童生徒にどんな学習をしてもらえばよいか、という質問をよくいただく。これまでは紙を使って取り組んでいたことなのだから、イメージできないのは無理もない。

静岡市立南部小学校では、毎日の自習や漢字ドリル、計算ドリル等の時間を、Googleスプレッドシート™に入力し、勉強時間の管理等に活用していた。データが蓄積していくと、1週間で何を何分取り組み、多く取り組んだ学習は何で、逆に少なかった学習は何かがデータやグラフで表示できるようになっている（浅井公太教諭）。児童生徒はこのデータを振り返り、次の1週間ではどんな取り組みをしていこうかと計画する（写真3）。

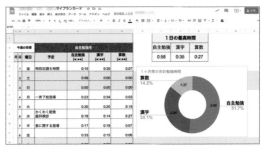

写真3　家庭学習の時間を入力するスプレッドシート

また、同時に、単元テストや小テストの点数を自分でスプレッドシートに入力し、管理していくことで、自分は何が得意で何が苦手なのか、だからどうしていくべきか、というサイクルで常に自己の学習を見直し、計画し、実行する、という流れがつくれるようになっていく。こうした取り組みのことを自己調整学習と言う。

情報活用能力という点では、基本的なスプレッドシートの操作に加え、データをどのように整理していけばよいか、データはどのように計算されているか、どのようなデータはどのようなグラフに示せばよいか等を体験的に学習していくことができる。もちろん持ち帰りの前には学校で情報端末の基本的な操作は大体習得できているので（あるいはその途中の学年もあるかもしれないが）、それよりも1段ステップが上がった力を育成することができるだろう。

❺ 情報端末の基本的な操作

タイピング等のスキルも、繰り返し取り組んでいくことが重要だ。上記のような取り組みと同時に、タイピング等の基本的な操作をトレーニングするための家庭学習を設定してもよいだろう。

写真4は、学校で取り組まれているタイピング練習の成果を示したスプレッドシート。3分間のタイピングに毎日取り組み、何文字打てたかを入力し、それが学級で共有され、

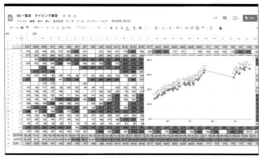

写真4　タイピング練習を入力するスプレッドシート

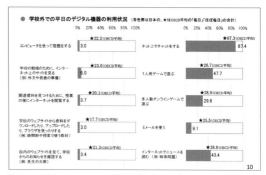

図1　OECD PISA 2018 の質問紙調査の一部

かつ平均値やグラフとして示されている。学校で取り組んでいるから、家庭でも同じように取り組むことができるのだ。学校での取り組みを家庭でも行い、その画面を保護者が見ることで、学校での取り組みへの理解にも繋がっていくだろうし、家庭学習の宿題にタイピングという保護者世代には考えられなかったようなことがあっても、理解してもらえることだろう。

　こうした取り組みをはじめた際には、タイミングを見計らって、なぜタイピングを練習する必要があるのかについて、学年便りや学校便り、場合によっては保護者向けのクラウド配信サービスや Google Workspace for Education のアプリケーションを活用してお知らせする。これまでの漢字ドリルや計算ドリルと同じように、情報社会ではタイピングを繰り返し練習して習得する学習も必要であることを説明していくとよいだろう。

5 学び方と情報活用能力

　OECD が 2018 年に行った PISA 2018 では、我が国の生徒（15 歳）は、デジタル機器を娯楽や遊びには使っているが、学習や学びには使っていないことが分かっている（図1）。

　時々、情報端末を持ち帰ると「動画サイトにしかアクセスせず、勉強目的に活用されていない」というような悩みを抱えている保護者にお会いする。しかし、それは PISA 調査で示されているように、児童生徒は動画を見るにしても動画をどのように学習に活かしたらよいか分からない状態なのだ。だから動画とは学びではなく趣味で視聴するものだと考えてしまうのだろう。

　そこで、動画を活用してどのように学習をすればよいのかを教える必要がある。動画を見ながら何をメモするのか、どのように情報を整理するのか、整理した情報をどのようにまとめたり、表現したりすればよいのか。このことを学ばずして、情報端末を上手に活用できるはずがない。また、動画で勉強しなさいと言っても、どのように学べばよいかが分からないので、結果として娯楽に活用するようになってしまうのだろう。

　家庭に情報端末を持ち帰り、1 人で学習を進めるためには、まずは学校で情報活用能力を含む学び方を教えていく必要があるだろう。また、そのことを保護者に伝えられるように情報発信していく必要があるだろう。

　学校は、保護者が何を理解しているのかの情報収集をしつつ、児童生徒が1 人で学習する場面を想定して、情報活用能力を含む学び方を日々の学習場面や学校生活の中で教えていっていただきたい。

〈参考文献〉
文部科学省（2022）児童生徒の情報活用能力の把握に関する調査研究 情報活用能力調査（令和3 年度実施）の結果
https://www.mext.go.jp/a_menu/shotou/zyouhou/detail/mext_00028.html （2022.12.31. 確認）

授業と家庭の学びをつなぐステップ

1人1台端末が整備されたことで、授業と家庭の学びをつなげることが容易となった。
教員は児童生徒が自立した学び手となることを目指して段階的な支援を行っていく必要がある。
支援の具体を小中学校の事例をもとに考える。

❶ 新たな学習環境を活かす家庭学習

　1人1台端末を持ち帰ることで、災害時や感染症対策による臨時休業への対応、濃厚接触や感染不安による登校控えへの対応といった有事への対応が可能となる。また、不登校の児童生徒が家庭や校舎内の別室からオンラインで授業に参加するといった不登校等への対応が可能となる。しかし、端末の持ち帰りをこれだけに留めておくのはもったいない。

　端末を持ち帰った学習を通じて、これまでの家庭学習をさらに充実したものにすることが可能となる。そして、これまで以上に家庭の学びと学校の学びをつなげることができるのである。

　近年、児童生徒の学習環境は大きく変容した（図1）。これまではアナログしかなく、紙と鉛筆を使った学習が中心であった。その後、アナログがメインでデジタルを時々使うようになった。しかし、このデジタルも教員の教える道具としての活用が中心であった。例えば、教員が実物投影機で資料を提示する、教員用端末で教員が選定した教育番組を大きく映して児童生徒に見せるなどである。

　それが、GIGAスクール構想で1人1台端末が整備されてからは、デジタルが当たり前

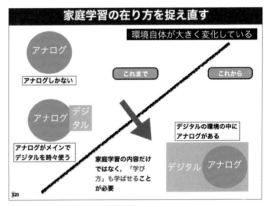

図1　児童生徒の学習環境の変化

の環境となり、デジタルの環境の中にアナログが存在するようになった。教室の机の上には1人ひとりの端末があり、その端末を使って学習することはもはや当たり前の光景である。文部科学省も1人1台端末を活用した学習は「令和の学びのスタンダード」だとしている。

　一方で家庭学習はどうであろうか。音読をする、ノートに漢字練習をする、算数・数学のプリントで問題演習をする、リコーダーの練習をする、それぞれに大事な家庭学習である。しかし、これだけで終わっていたのではアナログしかなかった時代と変わっていない。家庭でも学校でもデジタル機器を活用することが日常的になっている児童生徒にとって、アナログだけで学びを進めることはもは

や不自然である。また、そうした学びはこれからの社会を生きていく児童生徒にとって有益なものになっているのか、予測困難な時代を生きていくための経験として十分なものになっているのかについて改めて考えていかなければならない。

デジタルとうまく組み合わせることでこれまで以上に家庭学習に取り組みやすくなったり、これまでよりも効率的に学びを進められたりできる可能性がある。アナログだけではできない新たな家庭学習に取り組むことも可能となる。児童生徒の学習環境が大きく変容したからこそ、デジタルの可能性に目を向け、家庭学習を見直す段階に来ているといえる。

2 児童生徒の自立を目指した段階的支援

児童生徒の状況に合わせて支援方法を変えていく教育理論に「認知的徒弟制モデル」がある。これは、ジョン・S・ブラウンらが1980年代に提唱した理論であり、師匠が弟子に教える徒弟制を応用して教育の場でも使えるようにしたものである。モデリング、コーチング、スキャフォールディング、フェーディングの4段階からなる（図2）。

市川（2018）は認知的徒弟制の各段階を次のように整理している。

モデリングの段階では、熟達した実践者で

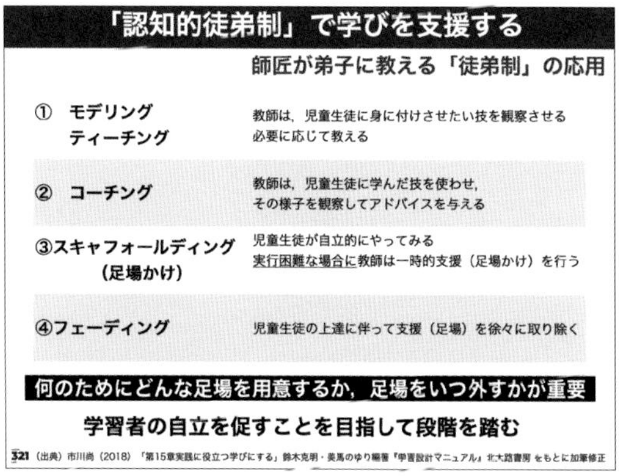

図2　認知的徒弟制モデルの段階

ある教師が手本を示し、学習者である児童生徒がそれを観察する。必要に応じて教師のティーチングが行われる。

コーチングの段階では、児童生徒に学んだ技を使わせ、その様子を観察してアドバイスを与える。

スキャフォールディングの段階では、児童生徒が自立的にやってみることを主にする。実行困難な場合もあるので、そのときに教師は一時的な支援（足場かけ）を行う。

フェーディングの段階では、児童生徒の上達に伴って支援（足場）を徐々に取り除いていく。そして教師がいなくとも学べる子を目指し児童生徒を最終的に自立させる。

大事なことは児童生徒の自立を目指して段階を踏むことである。どんな足場を用意するのか、その足場はいつ外して児童生徒を自立した学び手とするのか、教師は見通しをもって指導することが必要となる。親切すぎる支援は、実は児童生徒の自立を妨げている可能性があることにも留意したい。

当然ながら家庭では教員の目は届かない。何か困ったことがあったら、自力で解決するか、家族に頼るしかないだろう。ただし、家族にも1人1台端末を活用した家庭学習は経験したことがない人が多く、解決に窮する可能性もある。だからこそ、段階を踏みながら児童生徒だけで学べる力を身につける必要がある。以降、小中学校での家庭学習の工夫の具体について見ていく。

3 小学校での家庭学習の工夫

はじめて端末を持ち帰るならば、まずは持ち帰りの仕方を指導したい。端末をどのように収納するのか、端末への衝撃を少なくするにはどうすればいいのか等を児童と確認したい。端末は精密機器なので、衝撃や雨に弱い。端末を守るためにも、端末の置き場所や持ち

図3　持ち帰り用のバッグ

方など当たり前のこともはじめは丁寧に指導することが重要である。学校によっては端末を安全に持ち帰るためにクッション性のある専用バッグを使っている事例もある（図3）。購入を検討するのもよいだろう。

　次に家庭の Wi-Fi への接続方法を確認しておきたい。学校で端末を活用する限りは自動的に校内のネットワークに接続される。しかし、はじめて家庭に持ち帰った場合は家庭のWi-Fiに接続する必要がある。どのようにネットワークを選択するのか等を指導するようにしたい。また、家庭からネットワークに接続できたら、Google Classroom 等に一言投稿させるようにすると教員は児童の様子が把握できる。家庭のネットワークへの接続は保護者に依頼しがちだが、児童も一緒に関わることで、接続の方法を学ぶ機会ともなる。

　続いて家庭学習の実際について見ていく。静岡市立南部小学校の浅井公太教諭は、学校の授業と Chromebook™ を活用した課題を組み合わせた「ハイブリッド宿題」を実践している（図4）。

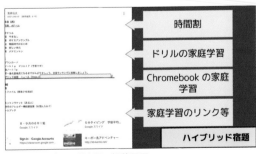
図4　ハイブリッド宿題の投稿画面

　浅井学級の Classroom には、翌日の予定、持ち物、宿題の内容が毎日投稿されている。この日は、アナログの課題として、漢字練習、ノートへの自主学習が出されていた。また、デジタルの課題として、タイピングの練習、ニュースサイトにアクセスしてニュースを要約することが出されていた。このように、アナログとデジタルをうまく組み合わせながら家庭学習を進めることができる。Classroom を使うと、児童にアクセスしてほしいリンクを簡単に共有できたり、課題の提出管理が楽になったりするのでおすすめである。課題でニュースサイトを要約してきた結果を翌日の授業に活かすなど、家庭学習と授業をシームレスに結びつける取り組みは参考にしたい。

　また、せっかく端末を持ち帰るので、意図的に保護者を巻き込む課題を出すことができる。学校で作成した Google スライドを使って家族にプレゼンテーションをする、調理実習で学んだ料理を家族につくりその様子を端末で撮影する、時事ニュースについて家族でディスカッションしてその結果をスライドにまとめる等である。保護者を巻き込むことで我が子は端末をどのように活用しているのか、我が子の操作スキルはどの程度なのかといったことを保護者が把握する機会ともなる。

　端末の活用に関して否定的な考えをもつ保護者が一定数いる。こうした考えのなかには我が子がどのように活用しているかが分からない、端末でどんなことができるかが分からない、といったことに起因することもある。

　分からないものを警戒するのはごく自然な反応であろう。だからこそ、端末の持ち帰りの機会を通じて保護者も巻き込みながら家庭学習を行い、保護者に端末の活用の様子を把握してもらうようにしたい。

❹ 中学校での家庭学習の工夫

中学校でも小学校同様に家庭学習をデジタル化することで学びを深めることが可能である。一方で、中学校は教科担任制であり各教科担任が課題を出すため、互いにどのような課題を出しているかを教員が把握することが難しい。生徒にとっては国語で課題が出て、数学でも出て、英語でも社会でも出て……といった具合で気づいたら膨大な量の課題になっていることがある。

そこで、新潟県見附市立西中学校の山﨑寛山教諭は Google スプレッドシートで宿題の課題一覧を作成して、校内の生徒・教員と共有している（図5）。

一覧表があることで教員はどの教科でどのような宿題が出ているかを把握することができる。そして生徒に過度な負担がいかないように課題の量を調整することが可能となる。また、教員は端末を活用してどのような家庭学習が可能となるかを他の教員の実践から学ぶことができ、自分の担当教科に取り入れることができる。生徒も共有されたシートにアクセスすれば課題が把握しやすくなるので、家庭学習に取り組みやすい環境が構築できる。

中学生は高校受験を控えていることもあり、基礎的な知識・技能を確実に習得することが欠かせない。これまでもノートに書きながら覚えたり、音読しながら覚えたりとさまざまに工夫をしてきた。ここにデジタルを活用することで、より効率的・効果的に知識・技能の定着が期待できる。例えば、前出の山﨑教諭は Google スライドでデジタルカードを作成して生徒が家庭学習で練習できるようにしている（図6）。作成したスライドをプレゼンモードで使用することでフラッシュカードとなる。デジタルなのでカードの入れ替えや複製が容易である。生徒は自分の実力に応じた練習が必要となるが、デジタルにすることでより個別最適な練習場面が設定できる。

ここでは外国語を取り上げたが、このデジタルカードの実践は化学式を覚えたり、歴史上の人物を覚えたり、数学の公式を覚えたりといった場面に応用できる。そして、いずれはデジタルカード自体を生徒が作成するようにしたい。仲間とデジタルカードを共有することで多様な問題演習を行うことが可能となる。デジタルだからこそカードの共有、順番の入れ替え、複製等が容易になる。

他にもバーチャルで修学旅行プランを立てる実践が行われている。これは Google Earth™ を使いながら自分が行ってみたい修学旅行のコースを立案するというものである。授業時間内では十分な時間を確保することは難しいが、家庭であれば学校よりはじっくりと取り組むことができる。また、スプレッドシートで互いのリンクを共有することで、仲間のコースが見られる。それらを参照しながら自

図5 校内で共有している持ち帰り課題の一覧

図6 デジタルカードを使った反復練習

分のコースづくりに活かすことが可能となる。生徒は各家庭にいてもクラウド上でつながり、協働的に学びを進めることができる。

5 家庭学習のイメージをもつ

端末を持ち帰ってどのような家庭学習ができるのか、何のために端末を持ち帰るのかイメージがわからないという声を聞く。そんなときは1人1台端末の持ち帰りをテーマにした動画を視聴するとよい。

Google for Education では「クラウド・1人1台端末の持ち帰りで変わる家庭学習」（https://www.youtube.com/watch?v=a3dwHzH0Sb8）をYouTube上で公開している（図7）。

動画内では、端末を持ち帰って課題に取り組む様子、Google Classroom 上で共有されている持ち物を見ながら翌日の支度をする様子などが収録されている。また、担任教員や児童のインタビュー映像から端末を活用した家庭学習は、アナログだけの課題よりも考える機会が増えたり、児童生徒が主体的に活動するようになったりしたことが分かる。

動画内で取り上げられている事例として、マット運動の動画を事前に家庭学習で視聴してポイントをまとめたうえで、翌日の体育の授業を受ける、授業中に撮影したマット運動の試技の動画を使って家庭で振り返りを書くといったものがある。運動量を確保する上で

この事例はとても有効である。家庭でもできることは家庭学習に譲り、授業は学校でしかできないことに特化するのがよい。限られた授業時間を有効に使うことにつながる。GIGA スクール以前は、各家庭で事前に動画を視聴してポイントをまとめてくる、自分の試技の動画を見ながら振り返りを書くといった実践は、端末が整備されていない等環境面の理由で、取り組むことが困難であった。しかし、児童生徒の学習環境は大きく変化した。今こそこうした環境を活かすときである。

家庭の学びと学校の学びを結びつけることができるのも端末を持ち帰って家庭学習をするメリットである。今後もさまざまな実践事例が出てくることを期待したい。

〈参考文献〉
Google for Education（2021）「クラウド・1人1台端末の持ち帰りで変わる家庭学習
https://www.youtube.com/watch?v=a3dwHzH0Sb8
市川尚（2018）「第15章 実践に役立つ学びにする」鈴木克明・美馬のゆり編著『学習設計マニュアル』北大路書房

図7　端末の持ち帰りをテーマにした動画

学校の学びと家庭の学びを
つなげるヒント集

端末を使ってどんな課題を出せばよいのか分からない、という声をよく聞く。
まずはこれまでアナログで実施していたことをデジタルに置き換えてみるとよい。
端末を活用した家庭学習のヒントを、ステップを追いながら解説する。

❶ 新たな学習環境を活かす

　小学生のランドセルの中には何が入っているだろうか。教科書、ノート、資料集、ドリル類といったものが主であろう。筆者が小学生だった平成初期も同じものが入っていた。おそらく昭和の小学生のランドセルの中にも同じものが入っていたと思う。令和の時代となりランドセルの中身は変化しただろうか。1人1台端末の持ち帰りをスタートさせた地域や学校ではカバンの中に端末が入っている（図1）。

　平成から令和にかけてのおよそ30年間で世の中のテクノロジーは大きく進展した。今やロボット掃除機が家の掃除をし、スマートスピーカーに話しかければ天気を教えてくれる。現金を持たなくても電子マネーだけで買い物をしたり、電車に乗ったりする生活が当たり前になっている。テクノロジーの進展は目覚ましく、現在の小中学生が就職して働く頃にはさらにテクノロジーが我々の生活を支えていることだろう。

　このような世の中を生き、社会を支えていく子どもたちを教育する機関が世の中から取り残されていてよいはずがない。世の中のテクノロジーの変化を学校教育にも実装し、テクノロジーを便利に使いこなせる子どもたちを育成していきたい。

❷ まずはやってみる

　1人1台端末を活用した家庭学習にはじめて取り組む場合、保護者は我が子がどんな家庭学習をするのかイメージができない、児童生徒は経験がないから最初は上手くいかない。しかし、端末を活用した家庭学習をスタートさせた学校をみると、児童生徒はすぐに慣れていく。大人が考えるよりも子どもたちはスムーズに適応していく。つまり、やってみると案外うまくいくのである。

　一方で、教員からはどんな家庭学習を出せばよいのかが分からないといった声をよく聞く。そこで、Google for Education（2021）では家庭学習のヒントとなる冊子『はじめよう！ これからの家庭学習 - Google for

図1　端末が入ったランドセル

Education を活用した事例ブック -』（以下、事例ブックと略す）をリリースしている（図2）。次ではこの事例ブックをもとに学校の学びと家庭の学びをつなげる実践を見ていく。

図2　家庭学習のヒントとなる事例ブック

③ アナログからデジタルへ

まずはこれまで紙や鉛筆だけで取り組んできた家庭学習をデジタルに置き換えることからはじめるとよい。筆者がおすすめしたい事例を 3 つ取り上げる。

1 つ目は、「01. 自主学習ノートを共有しよう」（事例ブック、p.6）（図 3）である。

これまでも自主学習の取り組みを行ってきている場合、そのノートを撮影して、Google ドライブ™ や Google Classroom で共有するだけである。共有することで互いのノートを参照できたり、クラウド上でコメントができたりする。

児童生徒は他の児童生徒のノートを参考

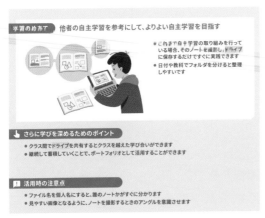

図3　自主学習ノートの共有（p.6）

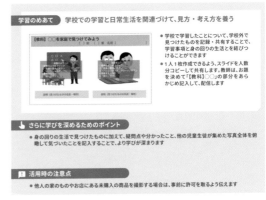

図4　身の回りで見つけたことの共有（p.14）

に、上手な点を取り入れることで自主学習の質の向上を目指せる。さらに、ノートの写真を継続して蓄積していくとポートフォリオとして活用することが可能となる。画像ファイルの名前に日付や教科等を入れておくことで検索も容易になる。

2 つ目は、「09. 身の回りの生活で見つけたことを共有しよう」（事例ブック、p.14）（図 4）である。

算数で L や mL を学習したら生活の中からそれらが表記されているものを見つけて写真を撮る。社会科で昔の道具を学習したら祖父母の家を訪れた際に昔の道具を見つけて写真を撮るなど、学校で学習したことと身の回りの生活とを結びつけることが可能となる。これらの実践は小学校低学年であっても比較的取り組みやすいだろう。また、写真を撮るだけでなく、共有する Google スライドに 1 人 1 枚の割当をつくり、そこに写真や気づきを各自が入力することでクラス全体で閲覧することができる。1 人の気づきがクラス全体へ波及していくことが期待できる。

3 つ目は、「11. 家庭学習の時間をグラフで振り返ろう」（事例ブック、p.16）（図 5）である。

これまでも家庭学習の時間を記録する実践を行ってきたクラスは多いだろう。これを

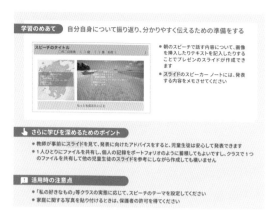

図5　自主学習ノートの共有（p.16）

図6　スライドでつくる朝のスピーチ（p.25）

Google スプレッドシートに置き換えるとさまざまなメリットがある。例えば、入力した学習時間のデータからグラフを作成することができる。教科ごとの割合を表現するときは円グラフを使うことで、今週は数学の学習時間が多く、外国語が少なかったなどの振り返りができる。日々の総学習時間の推移を見たい場合は棒グラフがよいだろう。このようにデジタル化しておくことで目的に応じたグラフを即座に作成できる。児童生徒がグラフを作成する練習にもなる。

　保護者アカウントが発行されていれば、学習時間に対して保護者からコメントをもらうことが可能である。また、長期休業中であれば教員がスプレッドシートを閲覧して励ましのコメントを入力することも可能となる。

④ デジタルのよさを活かす

　1 人 1 台端末やクラウドを活用した家庭学習に慣れてきたら、クラウド技術を活かして家庭学習をさらに効果的にすることに挑戦するとよい。事例ブックの中からおすすめの事例を 2 つ紹介する。

　1 つ目は、「19. 朝のスピーチのスライドをつくろう」（事例ブック、p.25）（図 6）である。

　児童生徒のスピーチ力を高める取り組みとして朝のスピーチを実践している学校があ

る。スピーチで使うスライドを作成するときに端末を活用させる。端末を持ち帰れば、家庭での出来事や自分の宝物、ペットの紹介など普段なかなか取り上げられないことを画像付きで紹介することができる。スライドを教員と共有しておくことで、発表へ向けた事前のアドバイスができ、児童生徒が安心して発表することにつなげられる。

　さらに、児童生徒同士でスライドを共有することで、スピーチを聞いた感想をスライドに直接コメントの形で残すことができたり、他者のスライドのつくり方を参考にできたりする。クラウド技術のよさが活きる場面である。

　2 つ目は、「27. みんなで意味調べをしよう」（事例ブック、p.33）（図 7）である。

　国語、社会、外国語など教科書にある語句

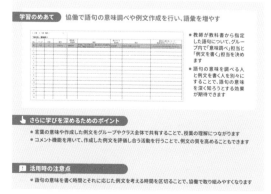

図7　協働で行う意味調べ（p.33）

の意味調べを行うことは多いだろう。1人で行うこともできるが、クラウドを介して協働することでより深く語句の意味を理解する活動につなげられる。

これまでの意味調べでは、語句の意味調べも例文づくりも1人で担っていた。しかし、Googleスプレッドシートを共有してグループ内で意味調べ担当と例文つくり担当をつくると協働して取り組むことができる。他の児童生徒が調べた語句の意味を読みながら例文を考える。他の児童生徒が例文をつくりやすいように語句の意味をしっかり調べるようになるなど、協働的に取り組める環境をつくることが結果的に充実した意味調べにつながっていく。

5 学びの DX へ

1人1台端末とクラウド環境をフル活用して、これまでできなかった新たな家庭学習にぜひ挑戦したい。事例ブックの中からおすすめの事例を2つ紹介する。

1つ目は、「43. 地域調べの結果を Web サイトにまとめよう」（事例ブック、p.50）（図8）である。

Google サイト™を使うと見やすい Web サイトが簡単に作成できる。操作が簡単な分、調べ学習の内容により集中することができる。また、地域について調べた結果を Web

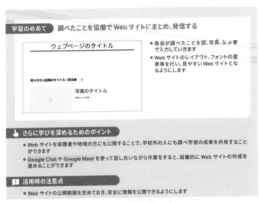

図8　Web サイトにまとめ、発信（p.50）

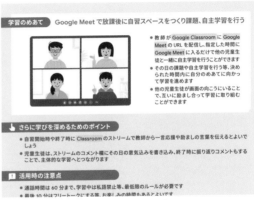

図9　オンラインで集まって勉強（p.56）

サイトに掲載して公開することで、多くの人に届けることができる。Google サイトで作成した Web サイトは公開範囲が決められるので、安全に情報を公開できることも魅力である。

2つ目は、「49. 放課後にオンラインで集まって勉強しよう」（事例ブック、p.56）（図9）である。

下校後や長期休業中であっても、オンラインで集まれば仲間の顔を見ながら学習を進めることができる。また、困ったことがあったら他の児童生徒に相談することもできる。画面の向こう側に仲間がいるだけで、自分も頑張らなくては、というモチベーションにつなげられる。

下校後にオンラインで話しながら共同編集機能でグループ発表のプレゼン資料を作成するなどの実践も見られるようになった。端末の操作に慣れてくると、児童生徒は複数のアプリケーションを組み合わせながら家庭学習を主体的に進めることができる。

ここで紹介した以外にも事例ブックにはたくさんの実践が掲載されているので、いちど目を通してみることをお勧めしたい。

〈参考文献〉
Google for Education（2021）『はじめよう！これからの家庭学習 - Google for Education を活用した事例ブック -』
https://services.google.com/fh/files/misc/gfe_homestudy.pdf
（許可を得て事例ブック内の画像を本書に転載しました）

みんな、
どんなことに
使ってる？

授業と家庭学習をつないだ実践事例

小学校での実践 23事例
中学校での実践 11事例

コラム◆地域全体で進めるポイント

長野県飯田市
山梨県甲府市
熊本県高森町

小学校・社会科（5年）

Google Jamboard

事例提供：信州大学教育学部附属松本小学校　織田裕二

家庭で情報の収集

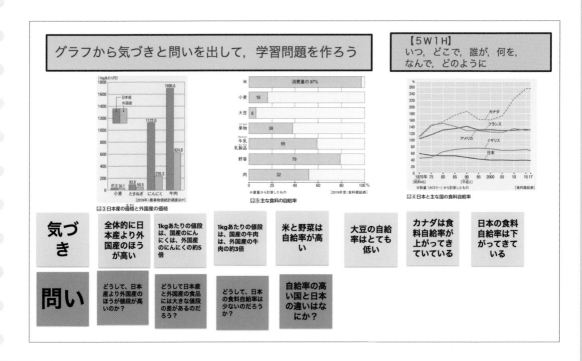

社会科の学習で学習内容の情報の収集を家庭で行い、Jamboard にまとめてくるようにした。Jamboard は相互参照が可能な設定にし、他の児童の情報の収集のやり方を参考にできるようにした。授業では、集めてきた情報を整理したり関連づけたりしながら学習を進めたり自分の考えを形成したりすることに活動時間をたくさん使うことができた。

◆ 家庭での情報の収集の進め方を示す

5年社会「これからの食料生産とわたしたち」（東京書籍）の単元の第一時で、授業の課題に関する情報の収集を家庭学習で行うようにした。Google Classroom を活用して、単元の課題や本時の課題を示し、学習の見通しを児童と共有した。そして、教員から「自分の家で課題に関する情報を家庭で集めてきましょう」という課題を出した。

しかし、ただ「家庭で情報の収集をしてきましょう」と指示を出しても、どうやってくればいいのか分からない児童がいたり、教科書やインターネットに書かれていることをただコピーしてくるだけになってしまう児童もいたりするだろう。そこで、情報の収集のやり方やグラフの読み取り方の指導を行った。

図1のように Jamboard を提示しながら、付箋に気づきや問いを色分けしながら1つひとつ書き出していくこと、できるだけたくさんの情報を書き出していくことを指導した。はじめのうちは、このように型を示すことで、児童はやり方が分かって安心して学習に取り組むことができる。また、Classroom に、児童同士の Jamboard の相互参照ができるようにリンクを貼り付けた。

1人でも行うことができることを家庭で行うことにより、授業の時間で他の児童と意見を

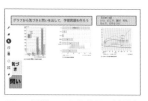

図1　授業で示した教員の情報収集の例

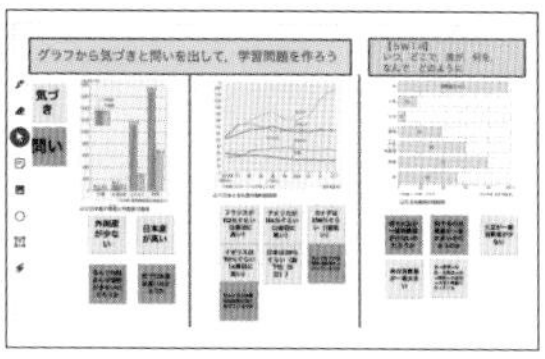

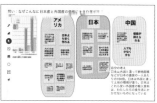

図2　児童が家庭で行った情報の収集

交流したり集めた情報から何が言えるのかをじっくりと考えたりすることができる時間を十分に確保することができた。

◆ 児童たちの実際の様子

児童は、家庭で、グラフから気づきと問いを書き出してきた。グラフから読み取れることを多く書き出してきた児童もいれば、問いを多く書き出してきた児童もいて、児童によって興味関心が違うことを見とることができた。

◆ 次の授業では、整理・分析やまとめを

情報の収集を行ってきた次の時間は、集めてきた情報からどんなことが言えるのかを整理したり分析したりして、分かったことをもとに自分の考えを書き出した。「友だちが集めてきた情報を見たい」との声が上がったため、相互参照したり、自分にはなかった情報を書き足したり、新たに得た情報はどの資料にあったのかを確かめたりする時間を確保した。たくさん情報を集めることができていた児童にどんなことを考えながら行ったかを聞いてコツを学級に広め、「次はもっとできそう」と、意欲をもつことができているようだった。

図3　授業で行った整理・まとめ

ここがポイント　はじめのうちはコツや型を示す

児童が家庭で情報の収集を行う際には、情報の収集のコツを Classroom の投稿に載せ、児童が課題を行う際に参照できるようにした。こういった足場掛けを行い、より妥当性の高い情報を集める経験を繰り返し行うことによって、児童たちは自分で情報の収集のコツを身につけ、いずれ自分自身の力で信頼性の高い情報を集めることが可能になっていく。

事例 02

小学校・全教科等（3年〜）

Google フォーム、Google スプレッドシート、Google Chat

事例提供：信州大学教育学部附属松本小学校　織田裕二

家庭で学習の振り返りを

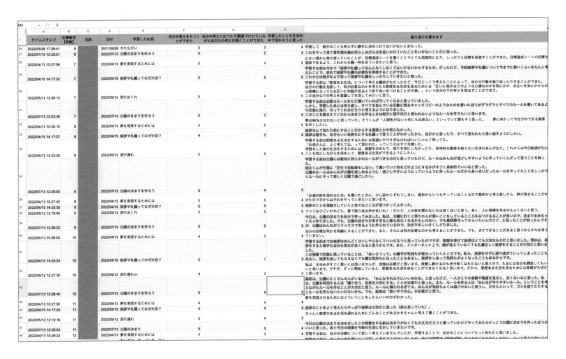

学習の振り返りをスプレッドシートやフォームに記入して本時を振り返り、次時への見通しをもつことを家庭で行った。そうすることで、自分が学習を通して分かったことや学び方についてじっくりと振り返ることができた。また、クラウドを通して児童は相互参照を行うことができ、振り返りをする際の書き方や観点を他の児童のものを参考にしながら書くことができた。

◆ クラウドに振り返りフォームを用意する

これまでは紙のワークシートやノートに書かせていた振り返りを、クラウド上のファイルに記入できるようにした。

まず、Google Classroom に、「資料」を作成した。そしてフォームで図1の振り返りフォームを作成した。作成した際の項目は、①名前 ②名簿番号 ③日付 ④観点別の自己評価 ⑤文章による振り返り の5項目。毎回同じ振り返り項目で振り返ることができるように、学習指導要領や教科書、指導書などを参考に項目の検討を行った。

授業で、フォームを使って振り返りを書くことや項目についての説明を行い、実際に書いてみた。児童全員が使い方を理解できたことを確認し、振り返りを家庭学習で行うようにした。

図1　振り返りフォーム

◆ 毎回の足跡を教員も児童も閲覧可能に

家庭学習で振り返りを行うことで、紙では行うことができなかった様々なことが可能になった。

まずは時間の確保。児童が自分のペースでじっくり書いたり内容や言葉を吟味したりしながら書くことができるようになった。フォームを用いて行うことによって、データの管理や閲覧を、教員だけでなく児童もできるようになっ

図2　振り返りをポートフォリオ化

た。

これまでの紙の場合でも、児童はノートやファイルを見返しながら自分の変容を感じていたかもしれない。しかし、フォームを用いることによって、図2のように、回答をスプレッドシートに書き出すことができる。また、書き出したデータを単元や学習した順番など、任意の順番に並べ替えたり以前の内容を振り返ったりすることが容易にできる。これまでの自分の振り返りをポートフォリオのようにして、自己の成長や変化を教員だけでなく、児童も自覚できるようになったと感じる。

◆ 様々なアプリから最適な形を模索する

はじめのうちはフォーム＋スプレッドシートで行っていたものをChatで行ったこともある。Chatであれば、通知が即時に来ることや教員や児童同士に質問をしたり意見交換をしたりすることが可能である。それぞれのアプリの特性や利便性などを比較しながら児童と最適な形を探っくいる。児童の実態などに合わせて、アプリを選択していくとよいだろう。

図3　Chat での振り返りを試行

ここが
ポイント

振り返りの「型」を示して足場かけを

【総則編】学習指導要領（平成29告示）には、「（略）自己の学習活動を振り返って次に つなげる『主体的な学び』が実現できているか」と振り返りの重要性が述べられている。学習活動をどのように振り返り、どのように次につなげるのかの視点を示すことで、児童はだんだんと自分で振り返りの書き方を習得し、自ら振り返りができるようになっていく。はじめのうちは教員から「型」や書き方を示しながら、書かせていくとよいだろう。

小学校・算数科（4年）

Google スライド

事例提供：長野県信濃町立信濃小中学校　伊藤真紀

情報端末を用いた反転授業

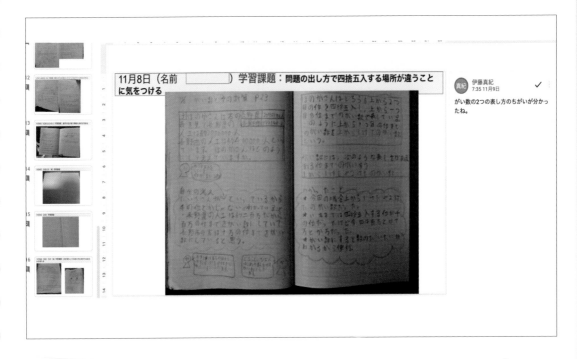

　算数では反転授業を行った。予習では教科書の他に動画教材も活用し児童がまとめたノートの画像をスライドに貼り付けた。他の児童がどのようにノートにまとめているのかが分かり、児童同士で参考にすることができた。また、教員も授業の前に児童たちの理解度を把握しやすくなったため、必要な児童に個別の支援ができるようになった。授業では考えを伝え合う、教え合う、さらに追究する、練習問題を解く活動に１人ひとりのペースで取り組むことができた。

伝える　教わる　追究する

予習では教科書の他に動画教材も活用した。児童は自分のペースや理解度に応じて繰り返し視聴することができた。また、スライドで共有されている他の児童の予習の仕方を参考にしたり、Google Chat を使いながら学び合ったりするなど、自宅でも協働的な学びができるようになった。

他の児童と考えを伝え合う

教員と学ぶ

予習をすることで、自分自身がどこまで分かり、どこが分からないのかが分かる。予習の段階での自分の理解度を確認し、児童たちは自分の必要に応じた学習形態を選択しながら授業を進めた。他の児童と考えを伝え合い共通点や相違点を見つけ考えを深める児童・予習の段階で難しさを感じた児童は教員に教わる・さらに追究したい児童は1人で取り組むなど、様々な学習形態が授業の中にあった。

ルーブリックを活用する

児童が取り組んだ予習ノートはルーブリックにもとづき教員が評価を行った。基準となるルーブリックは教員が決めていたが、まとめ方にだんだんと工夫が見られるようになってきたため、児童たちと話し合って決めた。

予習ノートの画像を貼り付けるスライドに提示し、児童が意識できるようにした。ルーブリックがあることで、児童たちの予習に対する意欲の高まりを感じられるようになった。

予習の方法ルーブリック

練習問題で知識の定着

予習をすることで学習問題の確認、考える時間を短縮できるため、その分を普段ならば家庭で行うような知識の定着の時間にあてることができた。基礎問題・応用問題を児童が自分の力に応じて選択して解いたり、デジタルドリルを活用したりした。分からないことがあればすぐに他の児童に聞くことができ、教員も個別に支援することができるようになった。

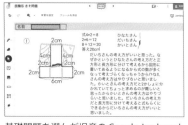

基礎問題を選んだ児童の Google Jamboard

ここがポイント

家庭でも深い学びができるしかけをつくる

児童が家庭でも深い学びできるようにするために、授業の中で次時の学習問題の確認・課題の設定を行い予習の見通しをたてること・ルーブリックを活用し予習の質を上げるなど、1人でも学習のゴールを意識して取り組むことができる環境を整えることが必要になってくる。また教員が児童の予習スライドの中にある見方・考え方を働かせた考えに対して価値付けるコメントをすることは、深い学びにつながる支援になるだろう。

小学校・体育科（3年〜）

Google ドライブ、Google ドキュメント

事例提供：熊本県水上村立岩野小学校　横山誠二

体育での映像による学び

　体育の学習中に撮影した映像や模範の映像を視聴して、課題を発見したり繰り返し練習したりすることが家庭でできれば、学校での体育学習がより有効に活用できる。そこで、体育学習に関する映像を家庭に持ち帰り視聴する時間を設定した。視聴できる映像は、自分の動きや他の児童の動き、模範の動きの3つである。これらの映像を家庭で視聴し、課題を発見してめあてを設定したり、繰り返し練習したりする。

◆ ダンスの基本ステップ習得

3年「リズムダンス」では、単元前半に6つの基本ステップを習得する必要がある。しかし、2時間の授業時間の中で6つすべての基本ステップを習得することは難しいと考え、家庭でも動画視聴しながらステップ習得ができるようにした。

タブレット端末で動画視聴しながら、基本ステップを習得している様子

自分が覚えていないステップを自分の好きな時間に好きなだけ練習できることから、自分に合ったペースで基本ステップの練習を行うことができた。家庭学習で取り組んだことで、2時間の授業でもほぼ全員が6つの基本ステップをある程度習得することができた。

◆ 自分や友だちの動きを視聴して課題設定

マット運動や跳び場運動では、自分や他の児童の動きを撮影し視聴することで、課題把握や課題設定を行ってきた。映像視聴する時間を家庭学習としても取り組むことで、自分のペースで取り組むことが可能となり、次時への課題設定まで取り組むことができた。具体的には、映像を視聴して課題把握した後、課題解決するためには、次の時間にどのようなことに気をつけて取り組むべきかを考え、次時のめあてをGoogle ドキュメントに記入させるようにした。

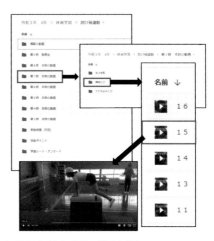

Google ドライブ上に本時の動画を保存
毎時間3種目撮影（台上前転、開脚とび、かかえ込みとび）
模範や友だちの動きも視聴可能

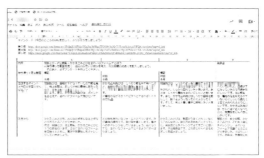

Google ドキュメントでデジタルシートを作成し、学習のめあてや振り返りを記入
本時のめあて入力は家庭学習として実施

ここがポイント 端末1台ですべて完結

端末で撮影した自分の動きは、その日のうちに Google ドライブ上の指定されたフォルダに番号、名前を付けて保存させるようにした。そうすることで、自分の動きだけでなく、他の児童の動きや模範の動きも視聴可能となる。また、ドキュメントで作成したデジタルシートも同じフォルダの中にあるので、めあて記入もスムーズにできる。さらには、教員も自宅から児童の記入状況を把握でき、コメント等でアドバイスも可能となる。

小学校・理科（6年）

Google ドライブ、Google スライド

事例提供：熊本県水上村立岩野小学校　横山誠二

理科学習スライドまとめ

　学習のまとめとして単元終了時に紙による理科新聞をまとめる作業を行ってきたが、学校での作業には時間がかかるし、持ち帰っても1人ひとりの学習状況が確認できずまとめ方にかなりの差が生じていた。そこで、端末を持ち帰り、スライドや Google ドライブ等を活用して家庭でまとめ作業を行うことにした。そのことで、自分のペースで学習を進めることができるようになり、内容面も充実した。

◆ スライドによるデジタル理科新聞作成

単元終了時に、発展的な学習として、1人ひとりがもっと詳しく調べたいこと知りたいことを端末でネット検索したり、動画を視聴したりして必要な情報を収集する作業を行った。その後、スライドを活用して、1人4枚のスライドにまとめる作業を行った。学校の授業では1時間設定し、残りは端末を持ち帰り家庭学習として取り組むようにした。

◆ ドライブで学習状況把握

家庭で作成したスライドは、必ずGoogleドライブの共有ドライブ上に保存するようにした。そうすることで、教員は学校でも自宅でもどこからでも児童の学習状況を把握することが可能となる。

◆ コメント機能でアドバイス

スライドには、コメント機能があるため、教員は児童が作成したスライドの状況を確認し、学習が進んでいない児童に対して、声掛けやアドバイスをタイムリーに行うことができる。また、教員だけでなく、児童も分からないことをコメント欄に記入しておけば、それを教員が見てアドバイスを行うこともできる。そうすることで、児童の学習状況を把握するだけでなく、必要に応じて声掛けやアドバイス、児童からの質問に答えるなど、1人ひとりの学びを遠隔で支援できるので、児童の家庭学習を充実させることができる。

学校で調べ学習をしている様子

Google の共有ドライブ上の理科フォルダに名前をつけて保存

学校でスライドにまとめている様子

【教師のコメント内容】
活動が進んでいませんよ。
火山が噴火することで、どんなことがおこるのかを確認して、まとめるようにしましょう

コメント機能では、児童も活用できるため、質問等をかき込んだり、友達同士でアドバイスし合ったりと相互評価にも活用できる。

コメント機能でアドバイス

ここが
ポイント

Google Workspace for Education の機能を有効活用し学習状況把握

学習のまとめを家庭に持ち帰り端末で作業をさせるだけでは、学びが深まらない。共有ドライブ上に保存しておけば、どの児童がどの時間にどれくらいの作業を進めているのかを教員がきちんと把握できる。また、コメント機能を活用すれば、教員は自宅にいながら児童1人ひとりに応じた指導が可能となる。家庭での学びが充実すると、学校での学びが深まるといった授業と家庭との連動した学びが可能となる。

小学校・外国語科 （6年）

Google スライド、Google ドライブ、Google フォーム

事例提供：熊本県高森町立高森中央小学校　小林 翼

スピーチ共有による
課題の明確化

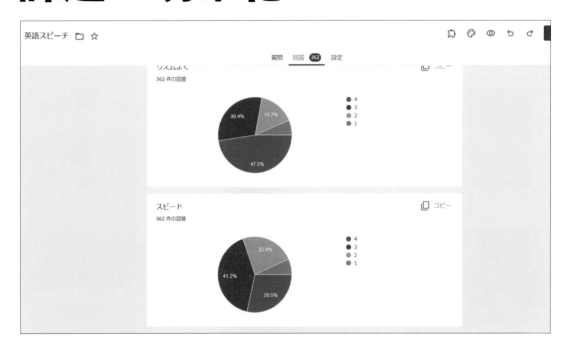

単元終末でのスピーチ発表に向けての取り組み。自分たちで作成した
ルーブリックをもとに家庭で繰り返しスピーチ練習に取り組み、それ
を録音し、ドライブで共有した。次に、児童は共有されたスピーチの
相互評価を行い、担任教員はALT（外国語指導助手）とともに内容の
確認を行った。そして、評価結果や教員からのアドバイスをもとにして、
再び練習に取り組むことで家庭においても効果的にスピーチの技能を
高めることができた。

◆ ルーブリックの作成

Google classroom で提示したルーブリック

児童が家庭でスピーチの練習に取り組む際、何を意識して練習するのかが明確でないと練習の効果が低くなってしまう可能性がある。そこで、クラス全体で発表用のルーブリックを作成し、家庭で活用できるようにした。児童にこれまでの学びを想起させ、「原稿内容」「表現力」「暗記」の３つの観点で、それぞれ３段階（最高15ポイント）の評価基準を検討した。その後、教員が Classroom でスライドの配布とルーブリックの提示を行った。

◆ 家庭での練習と相互評価

意識することを明確にしながら繰り返し練習することで、家庭でのスピーチ技能の向上を目指した。まず、児童は家庭で繰り返し練習に取り組み、練習の成果を録音して共有した。

翌日、ドライブに共有された他の児童のスピーチを聞き、ルーブリックをもとにフォームで相互評価を行わせた。教員は児童ごとに評価を集計し、それぞれの児童に評価結果を送付した。児童はスピーチを評価し合うことで、聞き手の側からスピーチ表現についての理解を深めることができた。また、評価結果を受け取ることで、自分のスピーチの課題について客観的に把握することができた。

◆ ALTによる手本の提示

共有されたスピーチは児童だけでなく担任教員や ALT も確認を行った。

担任と ALT の気づきをまとめたスライド

担任と ALT が聞きながら、気になった点については、スライドにまとめ、共有ドライブから児童が確認できるようにした。また、スライド上部の例文をクリックすることで、家庭でも ALT の手本の音声を聞くことができるようにした。

児童はこれらの資料をもとに再度家庭での練習に取り組んだ。教員から提示されたスライドを活用し自分と ALT の発音を比較したり、友だちからの評価をもとに練習に取り組んだりする姿が見られた。また、再度スピーチを録音し、以前のスピーチとの聞き比べを行って変容を確認する児童も見られた。

◆ スピーチ発表

家庭学習の時間を活用して繰り返し練習に取り組んだことで、スピーチの技能向上とともにスピーチへの自信にもつながっているようだった。スピーチ発表本番では、家庭での学びを生かすことで、相手意識を持ち、堂々と発表をする姿が見られた。

家庭での学びを生かしてスピーチする様子

ここがポイント

課題意識を高めるために

家庭での学びを深めるためには、児童が自分の課題を意識して繰り返し練習に取り組むことが重要である。そのために練習日数を確保することが必要になってくる。練習をして次の日に発表するのではなく、１日目に練習、録音、共有、２日目に相互評価、３日目に評価結果、といったように、教員の手本をもとにした練習と段階的にある程度期間を設けることで、児童は自分の課題を意識しながら繰り返し練習に取り組めるようになる。

小学校・社会科 （5年）

Google スライド

事例提供：熊本県高森町立高森中央小学校　福島健太

家庭で! 授業で!
デジタルノート

10/26　　（水曜日）

| も | 友達・全体の意見 |

た　食生活の変化と輸入食品の関係を考えよう。

食生活の変化
・和食→洋食中心に
　　　　　　日本人の好み
・米の消費量…減る
・小麦・畜産物…増える

か　教科書116, 117ページ　　　「わかったこと」

・洋食を食べることも増えて、日本の生活が変わってきていることがわかるけど、そのことで日本の食料生産にどんな影響があるのか

輸入食品
・洋食に使う食品が輸入された

・小麦など大豆は600万トン近く輸入されている
・米は一番少ないが100万トン近く輸入されている
・一番輸入が少ないものと一番輸入が多いものでは、500万トンの差がある

食生活が洋食中心になったことで、輸入する食品が増えた

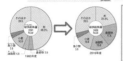

・1960年代から2019年代にかけて米の一人当たりの食べる量がすごく変わってきている。
・魚介料はあまり激しく変わっておらず、0,1キロカロリーしか減っていない

り　今日は和食から洋食中心になったことや養殖に使う食品が輸入されることを知りました。私は和食が好きなので少し残念でした。

食品ロスの問題　…日本の年間の食品廃棄量は約2531万トンでそのうちの約600万トンは売れ残りや食べ残しなど。

調査活動（調べ学習）を家庭で行うことで、授業では考えを交流したり深めたりする活動にじっくり取り組むことができた。ノートは紙ではなくデジタルノートを使用した。画面キャプチャー機能を使うことで、調べた情報を写真や資料などと関連付けながらノートにまとめることができた。授業ではノートにまとめた情報を提示し、写真や資料を根拠にしながら、相手意識をもった学び合いを行うことができた。

◆ 家庭で進める調べ学習

授業の前に教科書や資料集等を資料として、Google スライドを使って調査活動 (調べ学習) を行った。学校で調査活動を行うと、十分に活動時間を設定することができず、必要な時間も個人差が大きくなってしまう。そこで、調査活動を家庭で行うことで、時間的な制限を受けずに取り組ませることができた。調べることに時間がかかる児童は自分のペースでじっくりと学習を進めることができ、発展的に調べたい児童は様々な方法で調査を行い、事前学習を進めることができた。

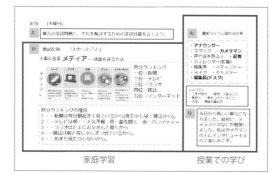

児童のデジタルノート 1

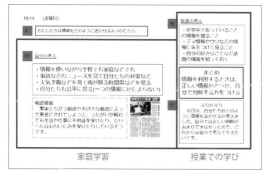

児童のデジタルノート 2

◆ 調べたことを授業で生かす

家庭で調べたことをもとにもっと深めたい内容を出し合い、それを本時のめあてに設定した。家庭で調査をしてきたことで、授業では他の児童と考えや意見を交流する時間を多く設定することができた。

交流の様子

交流する場面では、デジタルノートを使うことで、自分が説明したい資料や写真などを拡大しながら提示したり、レーザーポイント機能を使いながら分かりやすく説明したりする姿が見られた。全体発表の場面でも、すぐにノートを電子黒板に投影できるので、円滑に授業が進行していった。

全体発表の様子

ここが**ポイント**

家庭でも協働的な学びを！

デジタルノートにすることで、家庭にいるときも他の児童のノートを自由に見ることができるようになった。児童はノートを見せ合いながら、コメント機能を使って意見を交換したり、分からないことを教えあったりしながら、家庭でも協働的に学び合うことができた。家庭で他の児童とやり取りした後、授業ではさらに気になったことを尋ね合う姿が見られ、学びをより深めることができていた。

小学校・算数科（5年）

Google Jamboard、Google スライド

事例提供：熊本県高森町立高森中央小学校　佐藤 優

自由に交流できる家庭学習

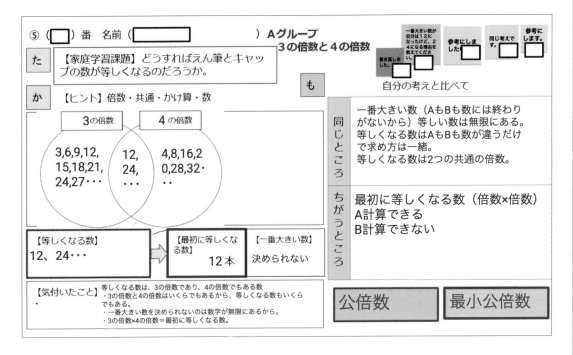

　デジタルワークシートは、Jamboard を使用し、グループで共有できるようにした。また、家庭で付箋機能を使い、意見を交流した。他の児童の考えを参考にしたり答えを確かめたりするだけでなく、分からないところを質問したり答えたりして、家庭で自由に交流をしていた。家庭学習で考えたことを共有し、分からないことは積極的に質問することで、授業の中では他のグループの児童に自信をもって説明することができた。

◆ グループの学習問題

　学級をAグループとBグループに分け、それぞれの学習問題を解いた。

　Aグループが「1袋3本入りの鉛筆と1袋4本入りのキャップ」、Bグループが「1袋2本入りの鉛筆と1袋4本入りのキャップ」を条件として、何袋か買って、数が等しくなる時の数について調べることが学習問題である。

　前時では、この2つの場面に分けて「倍数」の意味について理解を図った。

◆ 前時の学習

　前時の学習では、「袋の数が増えると、鉛筆やキャップの数はどうなるのか」という学習課題を設定し、家庭で考えてきた。考えてきたことを

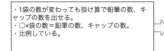

資料2　前時の家庭学習

表にまとめ、「1ふくろ増えると、何個増える」と書いてきたり式に表したりして気づきや考えをまとめてきていた。

　授業では、他グループの児童と自由に交流した。求め方や考え方について共通しているところを見つけて、「倍数」という意味理解に繋げた。終末で、「鉛筆とキャップの数が等しくなるのは、どんなときなのだろうか」という発問をし、それぞれの家庭学習課題を解いた。

・1袋の数が変わっても掛け算で鉛筆の数、キャップの数を出せる。
・□×袋の数＝鉛筆の数、キャップの数。
・比例している。

→ 倍数

資料3　前時の授業

◆ 本時の学習

　「どうすれば鉛筆とキャップの数が等しくなるのだろうか」という学習課題を立て、家庭でワークシート（資料1）の右側に考えをまとめた。配布した思考ツール（資料4）から選択して答えを導き出し、気づいたことをまとめた。自分の考えに自信がなかったり分からなかったりしたら、スライドの右上に自由に付箋紙に書いて他の児童の考えを参考にしたり質問したりできるようにした。

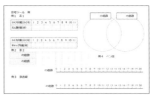

資料4　思考ツール

　授業では、「鉛筆の数が異なると、答えの求め方は違うのか」という発問をし、共通点と相違点を違うグループの児童と交流させた。全体交流後、「公倍数」「最小公倍数」の用語を押さえた。求め方や性質の理解が、数字の異なる2つの求め方を比べることで深まった。

　授業で学習したデジタルシートは、スライドで作成したデジタル版学習ノートの「学びのあしあと」に綴った（資料5）。スクリーンショットしたワークシートを挿入し、学習のめあてとまとめ、振り返りも併せて綴った。デジタル

資料5　学びのあしあと

で全てまとめることで、整理されて見やすくなり、振り返りが簡単にできるようになった。

ここがポイント　クラスを2つに分けて課題解決！

　本単元では、異なる2つの学習課題を立ててグループをつくり、授業で考えてきたことを交流することで、整数の性質の理解に繋げた。授業では、家庭学習で考えた求め方をそれぞれ説明し、共通点や相違点を出し合い、自由な議論の中で性質を見いだした。これにより様々な場面においても共通する性質があることに気づき、公倍数や最小公倍数の性質への理解が深まった。

小学校・特別活動（4年/宿泊行事）

Google ドキュメント

事例提供：静岡県静岡市立南部小学校　浅井公太

宿泊行事のしおりを
ドキュメントで作成

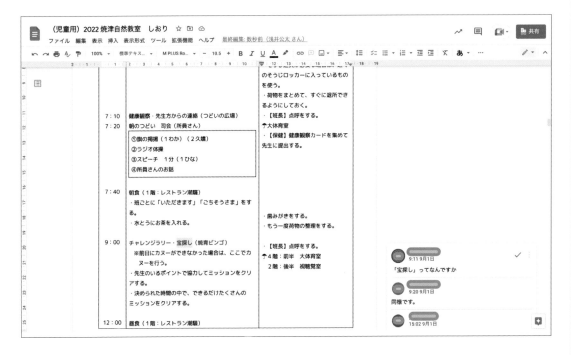

　しおりをドキュメントで作成した。児童は、しおりを読んで分からないところをコメントした。教員は、そのコメントをもとに学級で指導したり、コメントを返信したりした。端末を持ち帰った際に、保護者と確認し、質問が送られる時もあった。自分が質問しなくても、友だちと教員の質疑応答を確認することもできた。非同期で交流できるコメント機能は、しおりの確認に非常に役立った。

◆ドキュメントでやってみよう

宿泊行事のしおりをドキュメントで作成することにした。1人1台端末でしおりを確認できれば、児童にとって便利かもしれないという気楽な気持ちで作成した。

Google Classroom を通じて、児童としおりを共有しながら宿泊行事の指導をはじめると、ドキュメントのメリットを多く感じた。

まずは、印刷した紙媒体を児童に配布するよりも早く情報を共有できる点である。今までは教員がしおりを完成させ、印刷し、児童に配布をしていた。しかし、今回は8割くらい完成した時点で児童に共有した。例えば、出発式・帰校式の役割分担を決めながら、しおりを編集した。このように、児童に指導しながらしおりを完成させていった。

さらに、しおりを読んでわからないところ、質問したいところをコメントするように指導した。

コメント機能を使うと、自分が質問しなくても、友だちが行った質問と教員からの回答を確認することができた。そのため、質問が学級間で重複することがなくなった。また、端末を持

資料1　しおり表紙・目次

ち帰り、保護者としおりを確認することで、保護者の質問も受け付けることができた。

資料2　コメント機能を使った質問

し合いながら同時に編集できることもメリットであった。

宿泊行事に持っていくため、最後は紙媒体で印刷をしてしおりにした。児童は、出来上がったしおりを見て満足そうであったし、宿泊行事をより楽しみにしている様子であった。

当然ながら共同編集をしているので、他の教員と話

◆今後は児童が作成を？

今年度は4年生の宿泊行事のしおり作成をドキュメントで行った。ドキュメントでの作成は教員も児童もはじめてであったが、多くのメリットがあった。特に、コメント機能は、しおりの確認に非常に役立った。端末を持ち帰った際に、家庭で保護者と確認してコメントで質問できることは、特によかった。

資料3　紙媒体のしおり

そして、今後の可能性を感じた。児童

と一緒に考えてしおりを作成することができるのはよかった。今回は教員主体で作成したが、児童の情報活用能力がさらに育成できれば、配備された1人1台端末を使って、児童がしおりを作成することも可能であると感じた。

その際には、学校だけではなく家庭学習を含めて行うことで、しおりの完成度は高まっていくと思う。

ここがポイント　コメント機能で非同期に質疑応答

共同編集機能を使うことで、教員が効率的にしおりを作成できた。予想以上に便利だったのが「コメント機能」である。児童が家庭で保護者と確認しながら質問をすることができただけでなく、児童からの質問を教員で話し合ってから返信することができたり、他クラスで出された質問を確認することができたりするなど多くのメリットがあった。しおりの共通理解は非常に重要であり、ドキュメントのしおり作成は非常に有効であった。

飯田市の1人1台端末の持ち帰り実施に向けた取り組み

櫻田誠二 ●飯田市教育委員会・教育指導専門主査

1 実態把握と見えてきた課題

　長野県飯田市では小学校 19 校、中学校 9 校に約 7,800 人の児童生徒が通っている。1人1台端末が整備され、2 年以上が経過した。ネットワーク環境がない家庭にはモバイルWi-Fi ルータを貸し出し、端末持ち帰りに向けた環境面の整備は早い段階で整っていた。しかし、これまで1人1台端末の持ち帰りは日常的に行われていなかった。ここでは本市の1人1台端末持ち帰り実施に向けた取り組みについて紹介する。

　まず、実態把握を行った。夏休みの期間に家庭への持ち帰りをした児童生徒数の割合は、小学校で 31 %、中学校は 14 % だった。持ち帰りが進まない理由として、以下のような声が学校現場から聞こえてきた。

- 家で何をさせたらよいのか分からない
- 課題を出すための操作が分からない
- 端末で勉強して学力がつくのか不安
- 保護者の理解が得られない

このような課題を学校が単独で解決するのは難しい。そこで、市として必要なサポートをすることにした。

2 学校間・教員間の格差を埋める

　次に教員の「課題を出すための操作が分からない」という課題を解決するための研修等を行った。これまでにも学習者用デジタル教科書の導入など、ICT に関わる新しい教材を使いはじめた際に、学校や教員間での活用格差が目立っていた。これらを無くすために、複数の研修会を実施した。

　ひとつは職員会の前後に行う全体研修である。教育委員会の担当者が学校を訪れて、家庭学習にパソコンを活用する意義や、活用方法の説明を行った（写真1）。

　また、希望者に研修を複数回行った。長期休みの前には、休み中の宿題の出し方に絞った具体的な操作方法の研修を用意した。

　一方で、宿題の出し方などの操作方法が分かっただけでは、宿題で学習用パソコンを活用するよさが実感できないため、デジタルドリルの学習ログの活用方法についても紹介した。児童生徒が問題に取り組んだ後の学習ログをその後の指導に活かせることが端末を利用した学習の最大の強みである。頑張った子を褒める、つまずいている子に声を掛ける、

写真1　職員研修の様子

苦手分野がある子と一緒に克服に向けた作戦を立てるなど、ログにもとづいた声掛けや指導こそが、児童生徒のやる気を引き出し、基礎学力の向上につながることを伝えた。

❸ 教員・保護者の理解を深める

「端末で勉強して学力がつくのか不安」や、「保護者の理解が得られない」といった課題を解決するための取り組みも行った。教員や保護者は自分たちが学生の時に端末を使った学習を体験していないため、学習の方法や効果をイメージできないことが多い。また、長時間利用による視力の低下や、目的外の利用を不安視する声も少なくない。

ある学校では、参観日の際に親子ICT体験教室を実施した。親子で端末の前に座ってもらい、端末を活用した模擬授業を実施した。保護者が一緒に参加する機会を活かすために、テーマを「パソコンを安心・安全に使うために気をつけること」とし、親子で学習用パソコンの使い方について話し合うきっかけを意図的につくった（写真2）。

目の前の我が子が、端末を手際よく操作し、他の児童生徒と同時共同編集をする様子や、クラウドを用いて進む授業の様子を目の当たりにすることで、保護者は端末を活用した授業の必要性やよさや必要性に気づくことができた。

また、別の学校ではPTAの講演会で1人1台端末が導入された経緯や目的、安心・安全

に端末を利用するために、姿勢や時間等家庭での指導のポイントを伝えた。

保護者の理解を深めることは、これからの1人1台端末を活用した学びを推進する上で重要であり、持ち帰りを実施した際に、家庭と授業をつないだ子ども中心の学びを実現するために必要不可欠である。

❹ 家庭で取り組む内容と目標を明確にする

教員の「家で何をさせたらよいのか分からない」という課題を解決するために、持ち帰りでどのような学びをするのかという方針を明確にした。最終的には家庭と授業をつないだ子ども中心の学びを家庭学習に位置付けることが目的だが、その前段階としてデジタルドリルの活用を家庭学習に位置付け、教員の学習ログを用いた声掛けや指導と、児童生徒1人ひとりが自分の苦手分野や間違えた問題を意識しながら、自主的に取り組むことを大切にした。

❺ 今後の取り組み

今後は端末の持ち帰りにおいて、具体的な目標を立てたい。最初は「月に問題を200問以上解こう」のように、児童生徒がイメージしやすい目標にした。取り組みの様子はログやアンケートで確認できるため、優秀な取り組みをしている学校や学級、児童生徒を表彰する仕組みをつくっていく。

また、持ち帰りが進んでいる学校の児童生徒や保護者を対象に、家庭学習で学習用パソコンを活用した学習に取り組んだ感想や意見を調査し、全体に共有していきたい。今までの宿題と比べると意欲的に取り組む様子や、学習時間や内容を確認しやすいといった内容の回答は、持ち帰りがなかなか進まない学校にとっては有効な情報になるはずである。

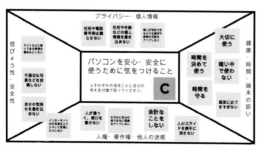

写真2　模擬授業で扱ったGoogle Jamboard

事例 10

小学校・全教科等（3年〜）

Google スプレッドシート

事例提供：静岡県静岡市立南部小学校　浅井公太

「書く力」と タイピングスキルの育成

日付	文字数	日記
5/3	125	今日は、原先生とあいさつ運動をしました。たくさんの人が大きい声で挨拶をしてました。浅井先生も大きい声で挨拶をしてくれました！！大きい声で挨拶をしてくれたので、きっとたくさんの人の金曜日の放送で名前が呼ばれると思います。4年生が元気大きい声で挨拶をして
5/11	115	5月1日に、ベルテックス静岡の今季ラストゲームのハーフタイムでチアダンスを踊りました。自分的には、笑顔できれいに踊れたと思います。ベルテックス静岡VS岡山トライフープと戦いました。確か、、93対83でベルテックス静岡が勝ちました。
5/13	173	昨日の夜ご飯は、カツ丼でした。すごく美味しくて肉が柔らかったです。GWに伊勢丹の角の所で、チアダンスをおどりました。お客さんとの距離が近くて、びっくり😊しました。自分てきには、笑顔で、上手に踊れたと思いました。また、たくさんの人の前で踊りたいです。この前、バスケの試合がありました。安東小のバスケットチームと戦いました。4点差で負けちゃったので

タイピングが遅いと、端末を持ち帰っても活用できない。そこで、1日5分間のタイピングタイムを設けた。タイピングの練習サイトは非常に有効であった。次に「書く力」を育成したいと考えた。練習サイトに慣れてきたところで、自分の考えを書くタイピング練習を併用した。学校で児童の力を伸ばすことで、家庭での学習の取り組みが活性化した。

54

◆1日5分のタイピング練習

タイピングが遅い場合、授業での1人1台端末の活用はできない。そのため、給食後の空き時間を利用して毎日5分間のタイピング練習の時間を設定した。まずは、タイピングの練習サイトを利用した。その際には、ホームポジションの指導を行った。ただ、4年生が1人1台端末を授業で活用するためには、タイピングスキルの育成だけでなく、根本の「書く力」を育成しないといけないと焦った。

そこで、タイピング練習と「書く力」を育成するために、スプレッドシートを使ったタイピング練習をはじめることにした。

資料のようなスプレッドシートを用意した。A列は日付、B列はC列の文字数をカウントするLEN関数をあらかじめ入れた。そして、児童は5分間でC列にできるだけ多く日記を書くようにした。右側には、児童が視覚的に分かりやすいように「タイピング文字数の変化」として、折れ線グラフを入れた。このシートを、Google Classroomで児童に配布した。

スプレッドシートに慣れていない児童は、「エンターキーを押し忘れて、打った文字が消えてしまった」等と話していたが、練習を繰り返すことでスプレッドシートの操作に慣れていった。最高文字数の日付のセルの色を変えて目立たせる等工夫する児童も現れた。

資料　スプレッドシートのテンプレート

◆日記以外にも家庭学習にも

まずは日記を書くことを指導していた。しかし、児童も慣れてくると「変化」を求めてきた。そこで、テーマをたまに変えるようにした。例えば、以下のテーマにした。

• 授業で分かったことを書く
• 運動会への意気込みを書く
• 日本昔ばなしのあらすじを書く

スプレッドシートは児童と担任教員の2人で共有されているものであったが、こういったテーマになると、「友だちと共有したい。交流したい」という児童も現れた。5分タイピングの後には、他の児童が書いたことを読んだり、自分が書いたことを他の児童に紹介しに行ったりする姿が見られた。単に書くだけでなく、相手に伝えたいことを書くことを意識しはじめて、とてもよかった。

活動が広がってくると、家庭学習にもがつながった。端末を持ち帰っているし、とても簡単な方法のため、家庭でもタイピング練習をすることができる。自分で5分間を測って、タイピング練習をすることができる。自分で5分間を測って、タイピング練習をする児童も現れた。また、保護者に自慢する児童も現れた。保護者からは「タイピングの速さに驚きました」「スプレッドシートを使いこなしていました」とのコメントをいただいた。

「基礎スキルの育成」「保護者との連携」等，この取り組みが端末を使った家庭学習の基盤となった。

ここがポイント 学習の方法を提示し、家庭でも「書く力」の練習を！

1人1台端末は児童の力を大きく広げるものであるが、児童の力が育成されていない場合、その効果はほとんどないことを実感している。例えば、どれだけ早くタイピングができても、書く力が育成されていない場合、授業での活用はほとんどできない。家庭学習でも同じである。学校で「方法」を指導すれば、家庭でも児童は自主的にどんどん取り組むことができる。

小学校・総合的な学習の時間（5年）

Google スライド、Google Meet™

事例提供：静岡県静岡市立番町小学校　吉田康祐

地域のよさを再発見する
家庭学習での端末の活用

「学区の自慢を Google スライドにまとめよう」と、グループで共同編集をした。1人1枚以上のスライドを作成することとし、まとめ方などは各グループまたは個人に委ねることとした。各自の端末で撮影した写真を入れたり、インタビューを行ったりと工夫してまとめた。長期休暇中に Google Meet を使用してスライド相談会を行った。掲載内容の再検討やスライドの見栄え等、課題を解決していく時間となった。

◆ 地域の魅力再発見についての説明

ゴールデン ウィーク前に「学区の魅力を Google スライドにまとめよう」という課題を出した。スライドは各グループで共同編集できるようにし、1人1枚以上で場所を紹介することとした。ゴールデン ウィーク期間中であれば、いつ作成してもよいこと、まとめ方などはグループに委ねることなど、実施方法についての説明とともに、はじめて端末を学校外で使用することもあったため、安全面等についての事前指導を行った（図1）。

図1　Google Classroom での説明内容

特に端末を持ち帰っているからこそできることとして、実際に自分の地域の様子を撮影することを奨励した。撮影する際には、可能な限り撮影の許可を取ることや、インタビューをする際には目的についての説明をするなど、情報を扱う責任についても言及した。

◆ オンライン会議で相談会

ゴールデン ウィークの中日に、地域紹介についてのオンライン会議相談会を実施した。放課後の時間ということもあり、参加については任意とした（図2）。参加できない児童には、Classroom で話題になった内容を掲載するとともに、会議の様子を画面録画した映像を添付することで、学級内に共有した。

オンライン会議では、スライドで地域の魅力をより伝えるにはどうすればよいのかについて話し合う様子があった。スライドの色や文字のサイズ等、同じグループ内で統一したほうがよ

図2　オンライン会議での相談会

いことなど、改めて確認していた。また地域の魅力を検討する中で、「地域の魅力は、場所やお店だけではなく、人も魅力だと思うから、地域でお世話になっている人を紹介してもよいかもしれないね」「いつも学校の近くであいさつをしてくれている人を紹介してもいいかもしれないね」等具体的な内容を検討する様子があった。

◆ 各グループで共同編集

スライド作成は、各グループで試行錯誤しながら進められた。1人で6枚以上のスライドを作成するなど、端末を持ち帰ったからこそできる学びに喜びを感じている児童が多いように感じた。オンライン会議で話題となった地域人材について、スライドにまとめる児童がいた（図3）。インタビューをした際には、写真の撮影許可を取ることもできたと報告を受けた。1人1台の情報端末を活用することで、地域のよさを再発見する活用となったように感じる。

図3　地域人材に関しての紹介

ここがポイント　端末を持ち帰るからこそできる学び

地域の魅力として、お店や場所などをインターネット上で検索することは可能である。しかし、自分自身で撮影したり、訪問したりすることで、改めて気づく魅力がある。端末を持ち帰るからこそできる学びとなったことや、「自分でつくる」家庭学習であるからこそ、意欲的に取り組むことができた。また端末活用の初期であったため、カメラ撮影やスライド作成方法等の情報活用能力の育成にも寄与することができた。

小学校・全教科等（全学年）

Google スライド、Google ドキュメント、Google スプレッドシート

事例提供：静岡県静岡市立番町小学校　吉田康祐

選択式家庭学習

📋 選択式　オンライン課題

吉田康祐・8:00

100 点　　　　　　　　　　　　　　　　　　　期限: 明日 8:00

次の中から1つ以上を選択して提出しましょう。
複数行ってもOKです。

1　音声入力を使って音読しよう
https://docs.google.com/document/d/1qwt4huW4x225O7EtG3S855UfMFYpee8KLomXggNvFS8/edit?usp=sharing

2　朝のスピーチのスライドをつくろう
https://docs.google.com/presentation/d/1k9wvHSP4NkEVCAlBKDQIAdj9naoqAT_GySC0RQZhMkc/edit?usp=sharing

3　教科書に関連するテーマを自主学習しよう
https://docs.google.com/presentation/d/1rv0yVT19eLeD9WQ6VilIrfIPaEc0IHPJiwm11Zcb8GU/edit?usp=sharing

4　デジタル絵日記を書こう
https://docs.google.com/presentation/d/1B6i0LprCzUjsVnIZHGvAJuSigLtVkV6uajS_KQoG0lU/edit?usp=sharing

5　学校のことを家族に伝えよう
https://docs.google.com/presentation/d/1CISxUjBamkBjaMw1W5BZik89r_qzKvADHzz6cFFGymg/edit?usp=sharing

6　ニュースをまとめて、家族で議論しよう

Google for Education から出されている事例ブック『はじめよう！これからの家庭学習』から児童が長期休暇中に取り組むことができそうな課題をピックアップし、選択式の課題を出した。クラスの児童は取り組んでいきたい課題を自分自身で選択し、取り組んだ。自分たちで選択できることで、従来の家庭学習よりも主体的に取り組む姿が見られた。

◆ 選択式家庭学習の進め方

ゴールデン ウィークの期間中に、『はじめよう！これからの家庭学習』の中から児童が取り組むことができそうな課題をピックアップし、課題として Google Classroom で配信した（図1）。「音声入力を使って音読しよう」「朝のスピーチのスライドをつくろう」「教科書に関連するテーマを自主学習しよう」等、特定の教科等とはせず7つ提示し、Classroom には各テンプレートファイルのリンクを添付し、児童が自分でファイルにアクセスできるようにした。期間中に選択できる課題の中から、1つ以上に取り組むこととし、複数取り組んでもよいこととした。

図1 『はじめよう！これからの家庭学習』

児童は、掲載された課題から自分の取り組んでいきたい課題のリンクファイルを選択し、各リンクファイルをコピー作成して使用した。各自取り組んだ課題のリンクを提出させたが、テンプレートを使用したことで教員の準備時間はほとんどなく取り組むことができた。

◆ 実践の様子

デジタル絵日記に取り組んだ児童は、Googleスライドに写真を添付するなどして内容を伝わりやすくする工夫が見られた（図2）。取り組んだ児童からは「絵日記だと時間がかかるけれど、デジタル絵日記だと簡単にどんな様子だっ

図2 デジタル絵日記

たのかを伝えることができて楽しく取り組むことができた」との感想が聞かれた。

「教科書に関連するテーマを自主学習しよう」に取り組んだ児童は、外国語の学習をまとめていた。学校で学んだ内容を自分で検討し取り組むことは主体的な取り組みと言える。また外国語のデジタル教科書を活用し、キャプチャーするなど、端末の新たな可能性を広げていた。また保護者からのコメント欄があるため、学校での学びを家庭での話題とすることもできることが今までにない学びと言えるだろう（図3）。

図3 外国語の学びの自主学習

「音声入力を使って音読しよう」に取り組んだ児童は、国語で学習した「言葉の意味がわかること」（光村図書）の単元を音声入力で書き込みしていた。「正しく発声しなければ誤入力となってしまうため、ゆっくり口を大きく開けたらなんとかクリアすることができた」と正しく読むことの大切さに気づいた児童も見られた（図4）。

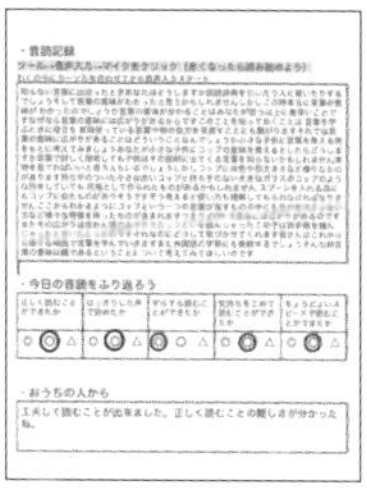

今回は教員が準備した課題から選択をさせたが、繰り返し経験をしていくことで、自分たちで課題を考え、より主体的な家庭学習になっていくことが期待される。

図4 音声入力音読

ここがポイント 自分で選択・判断することに大きな価値

一方的にやらされる課題ではなく、自分自身で選択する課題であるからこそ、これまで以上に主体的に取り組んでいくことができる。自分自身で選択・判断できる機会があることで、試行錯誤する機会となる。家庭学習も、授業同様に個人の興味関心に応じて幅をもたせることで、個別最適な学びとなり、やりたい家庭学習へと転化していくことが可能である。

13

小学校・体育科（2年）

Google ドライブ、Google スプレッドシート

事例提供：長野県上田市立北小学校　大川雅也

ステップ表を見て、
前転に取り組もう

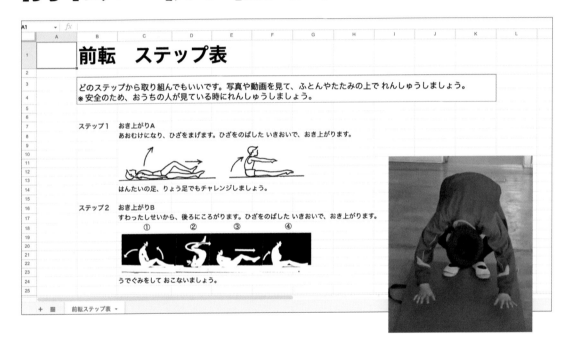

　マット運動は、技能が高まるまでに時間がかかる。そのため、週に2、3回の授業よりも、毎日5分の練習の方が効率的である。しかし、学校では毎日マットが使えるわけではない。そこで、端末を持ち帰り、家庭で技能を高めるトレーニングを行うことにした。前転のステップ表を見て、児童がどのステップから取り組むか決め、取り組み後に Google Classroom のコメントに、練習したことを書き込む形とした。

◆「前転ステップ表」を元に到達度を知る

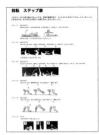
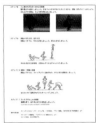
前転ステップ表

２年生に、前転が上達するまでの11のステップからなる「前転ステップ表」をスプレッドシートにて示し、それぞれ実演した。

児童たちは端末を持ち帰り、家で、ステップ表を見ながら、前転の練習に取り組んだ。「どのステップから取り組んでもよい」とした。取り組んだ後は、Classroomのコメントに発信。児童たちは、「ステップ1から11までできました。」「ステップ6から8までやりました。」などと投稿。「楽しかった」という声も多かった。他の児童がどんな取り組みをしたのかも見ていた。翌日、家庭でのトレーニングの成果を確認するため、前転をさせた。すでに、ステップ11まで到達していた児童は、とてもスムーズに前転ができていた。一方、通過しているステップ課題でつまずいている児童もいた。

1人ひとりの前転を録画し、その録画をGoogleドライブで児童たちに共有した。そして、「あなたの取り組むべきステップはどこですか」と問うた。しかし、児童たちは上手く答えられなかった。自分の動画を見て、そこまでの解釈ができない。そこで、担任の私が、「どこまでクリアーしているか」を評定し、アドバイスを1人ひとり、スプレッドシートに記入した。

◆「アドバイス」をもとに練習し、振り返る

週末、2回目の端末持ち帰りを行った。今度は、「先生のアドバイス」を見て、練習する課題である。取り組んだ後は、感想を発信する。感想の例文として次の2文を示した。

①ステップ3までできるようになりました。
②立ち上がる時に、手をつかないでできるようになりました。

担任からのアドバイス

児童から次のような感想が届いた。

(1) 手を使わないで立つことが何回かできました。
(2) こしをあげてできました。
(3) いきおいがついたのでじょうずにできました。

児童の頭の中に、前転を行う時のポイント（知識）が入ったことが分かる。

2回目の持ち帰りの翌週、「前転」の授業を行った。ルーブリックを、児童1人ひとりが、「S：ステップ11ができた」「A：ステップ8ができた」「B：ステップ3までのおき上がりができた」の3つから選び、どのステップからはじめるかも決め、運動をはじめた。児童は、繰り返し練習し、ステップを上げたり、前のステップに戻ったりした。体操選手の動画を見て、練習する児童もいた。どの段階の子も夢中になって取り組んでいた。

ここがポイント 「自分が取り組むべきステップは何か」を認知する

まず、児童自身がどのステップまでできているのかを認知する必要がある。次に、どうすればそのステップをクリアーできるかを知る必要がある。そのため、1人ひとりに、到達度を伝え、上達のポイントをアドバイスした。これらをもとに、児童たちは課題となっているステップに取り組んだ。これによって、次から児童自身で取り組むべきステップを決め、上達のポイントをもとに自分の前転を評価することができる。

小学校・家庭科（6年）

Google Classroom

┃ 事例提供：静岡県静岡市立清水駒越小学校　後藤弘樹 ┃

家庭での調理実践を共有

調理実習を校内で行うことができない期間があったため、各家庭で取り組むことを推奨した。完成した料理の写真を Classroom のストリーム上で共有する児童が現れた。その活動はクラス内に派生していき、ストリーム上で互いに感想を伝え合ったり、使った食材をクイズにしたりしていた。家庭学習の中で、主体的に交流したり家庭科の学びを実践したりする姿が見られた。

◆ 家庭で実践することを提案

調理実習の計画を立て、レシピや準備物の割り振り等も完了した矢先、新型コロナウイルス感染症対策の方針が発表され、学校では調理実習を実施しないことが決定された。普段から重要な情報はストリームに流しておき、朝や帰りに担任からの話として取り上げるということを行っていた。そこで、学校で調理実習が行えないことを伝えるだけでなく、家庭で実践することを促した（図1）。実施の際は、保護者に許可を得ること、調理器具など安全な使い方

図1　家庭での実践を促す

を心掛けること、必要に応じて保護者にも協力を求めることなど、事前指導も併せて行った。

◆ 児童同士の関わり

しばらくすると、家庭での実践を写真と共にストリームにアップする児童が現れた。また、それに対して多くの児童がコメントをしていた（図2）。これを次の日の朝の時間に取り上げ、調理実習を家で実践することとそれに対してコメントすることを推奨した。休み時間には、「あれ、すごかったね！」「美味しそうだった！」等、直接温かい言葉をかける姿も見

図2　ストリームを活用した実践発表

られた。

コメントし合う中で、児童同士で素朴な疑問を解決し合う姿も見られた（図3）。これまでの調理実習に関連した家庭学習は、自分が行う調理について必要な情報を集める等、自分のための学びであった。しかし，その学びや自分が持っている情報をストリームで共有することで、自分以外の人の学びにつながるということを体験的に学んでいた。

図3　有益な情報の共有

◆ ゲーム性の導入

家庭で行った調理についてストリーム上での交流が日常化してきた頃、「スープには何が入っているか」「隠し味は何か」などのクイズ要素を盛り込んだ投稿が始まった。投稿の感想を伝え合うやりとりから、ゲーム性を含んだ双方向に楽しさがあるやりとりへと昇華していった。

やらされている家庭学習ではこのような活動の発展は生まれにくいだろう。児童の中の「やってみたい！」が学びの質を高め、家庭学習を魅力的なものにしていくと考える。また、ストリームのようにリアルタイムで児童同士が関わり合える場があることで、スピード感をもって思いを形にでき、周囲からの反応も得ることができる。

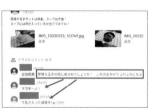

図4　クイズを導入

ここがポイント　ストリームでの児童間の交流を日常的に

児童にとって、いつでもどこでもだれとでもつながれる場があるか、ということが重要である。Classroom を「教員が活用するもの」から「だれでも活用してよいもの」に転換していくことで、児童の「伝えたい！」を実現することができる。そのためには、ストリームを日常的に児童に開放し、自由に発言ができる状態にすること、言葉遣いや画像等の扱い等、情報モラルに関わる事前指導が大切である。

小学校・道徳 / 学級活動 / 総合的な学習の時間（3年〜）

Google Jamboard、Google スライド、Google フォーム | 事例提供：愛知県春日井市立藤山台小学校　久川慶貴 |

情報モラルの授業での
学びを保護者に伝えよう

【保護者用】情報モラル
アンケート

お子さまが授業で学習した情報モラルについて、保護者の皆さまにプレゼンテーションをします。
それに対してフィードバックやコメントをいただけたらと思います。よろしくお願いします。

情報モラルの授業で「学んだことを保護者に伝える」活動を取り入れた。児童が伝えるためにはスライド、保護者からのフィードバックを入力してもらうためには Google フォームを活用した。
学んだことを保護者に伝える（宣言する）という学習目標を示す。教材動画を視聴した後に、「問題点は何か・これからどのように考えるべきか」をまとめ、保護者に学んだことを伝えることができた。

◆ いつも通りの情報モラルの授業を

学級で課題となった（なりそうな）話題をもとに、情報モラルの授業を計画する。

教材となる動画や児童の情報機器活用の様子の情報を示す。教材から情報を Jamboard に集めさせる。どのようなことが問題だったのか、気をつけるべきだったのかを書き出すよう伝える。

図1　児童の Jamboard

書き出した内容をもとに、どのように考えることが大切なのかを考えさせる。書き出した考え同士を比較したり、関係づけさせたりする活動を行いながら、まとめのスライドを作成させる。

◆ 保護者に学んだことを伝えよう

図2のように要点をまとめたスライドを作成

図2　まとめプレゼンの例

させる。その後、保護者に伝えることを想定して説明する練習をさせる。

最初から上手に話せるということはないので、最初は「今日の情報モラルの授業で学んだことを話します」「写真を撮影して、SNS など投稿するときに気をつけることを学びました」「〜〜のようなことを考えて情報機器と付き合っていくことが重要です」などの話型を示すことが重要である。

◆ 保護者からフィードバックをもらおう

最後に、作成したスライドをもとに、学習したことを保護者に伝える。そこでは、ただ学んだことを伝えるだけではなく、フォームで保護者の気づきとフィードバックをもらうという課題を示しておくとよい。

フィードバックの視点は「お子さんの話を理解することができたか」「分かりやすく順序よく話すことができていたか」のように、情報モラルの内容に関するものがあるとよい。さらに、「目線を合わせて話すことができていたか」「話し方は堂々としていたか」等話し方の面も加えると、児童も一生懸命取り組むことができる。

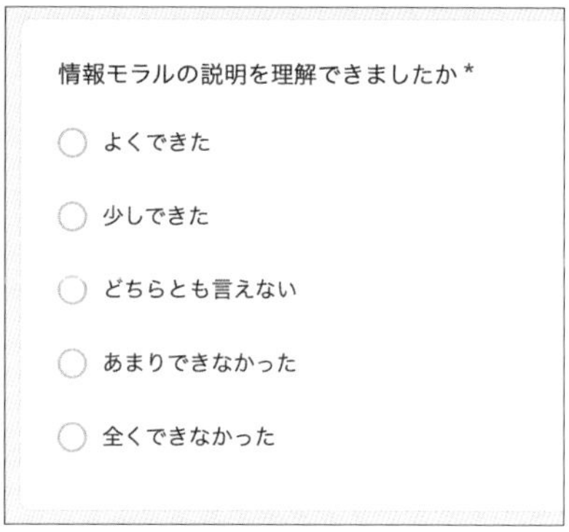

図3　質問項目の一部

持ち帰りプレゼンを他教科でも

家庭学習では計算や漢字、音読などの反復練習において保護者の力を借りることが多かった。情報化が進展する今、情報を集めて、整理して、まとめて伝える力、情報活用能力の重要性が高まっている。そこで、社会科で作成した成果物や、算数科では問題を解く手順など、さまざまなものを伝える家庭学習に取り組ませることで、子どもの情報活用能力育成だけでなく、家庭での端末活用に対する理解も深まるだろう。

小学校・授業時間外（3年～）

Google Chat、 Google スライド、 Google スプレッドシート

事例提供：愛知県春日井市立藤山台小学校　久川慶貴

Chat やスペース機能で 自主学習を支援しよう

こんな感じでやってみました。やり方が違ったら教えて下さい。

自分で学ぶ内容を選択して、自主的に学習を行う自主学習を Google Chat やスペース（チャットルーム）で支援する実践を行った。一般的に自主学習は主にノートで行われるが、Chat やスペース上で教員の支援やフィードバック、他の児童の取り組みが見られる状況で学習させることとした。

そうすることで、教員からのフィードバックを得やすくなるだけでなく、学習の流れや学習の方法が自然と広まることで学習の質の高まりが見られている。

◆ 記録・励ましの場としての Chat、スペース

自主学習は、反復によって基礎的・基本的な知識・技能の定着に取り組んだり、自由研究のように自分の興味に応じたテーマに沿って探究的な学習に取り組んだりすることが多く見られる。まず、反復活動による取り組みの例として、AI ドリルに取り組んだ結果が Chat 上に示された画面を毎日スクリーンキャプチャして記録するものがある。このような取り組みは低学年の児童でも行うことができる。

加えて、学習習慣の定着という点でも Chat を活用することは大きな効果を発揮する。

まず、他の児童の頑張りが見えるということ、そしてフィードバックがすぐに行えるということである。

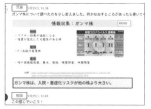

図1 スクリーンキャプチャで報告する様子

図1は児童がコロナウイルスについて探究的に学ぼうとしている様子である。その日に取り組んだ内容をスライドにまとめ、教員にスクリーンキャプチャで報告している。このようなやり取りによって、児童は自分の頑張りを認めてもらう頻度がこれまでよりも増えた。また、言葉によるコメントだけでなく、リアクションによるフィードバックも行われる。

◆ 多様な資料が共有できる

図2のようにポートフォリオのような役割を

図2 まとめプレゼンの例

果たすスライドでの毎日の進捗状況を Chat 上で報告している。

スライドのスクリーンキャプチャだけでなく、スライド自体も共有することができるので、教員がスライドにコメントをしたり、休み時間にスライドを見ながら話し合ったりすることも可能である。

最初から上手に話せるということはないので、最初は「今日の情報モラルの授業で学んだことを話します」「写真を撮影して、SNS など投稿するときに気をつけることを学びました」「〜〜のようなことを考えて情報機器と付き合っていくことが重要です」などの話型を示すことが重要である。

図3 スプレッドシート共有の様子

図3は、集めた情報を整理したスプレッドシートを共有している。図4がその具体的な中身である。動物はどのように威嚇をするのかという情報を集め、自分なりに見つけた視点で整理している段階である。

このように情報を整理・分析する体験を通して、共通点や相違点を見つけたり、さらなる問いを見つけたりすることで、自分なりの発見、自分なりの学びを経験させることが可能となる。

図4 情報を整理したスプレッドシート

ここがポイント 自主学習で学んだ学習方法を他教科でも

このような取り組みを行うことで、児童はこれまでに経験できなかった学習方法を学ぶことができる。例えば、他の児童の学習の過程や結果を共有することが容易になることなどが挙げられる。そうすることによって刺激を受け、自分の学びに反映させやすくなるだろう。普段の授業においても、毎時間の振り返りを Chat のスペース上に掲載することで、振り返りの書き方を容易に広めることができるだろう。

小学校・生活科（2年）

Google スライド

事例提供：山梨県南アルプス市立落合小学校　望月 健

生活科の野菜の
成長記録を家庭でも

　　生活科で育てているミニトマトの成長記録をスライドにまとめた。児童はカメラアプリで写真を撮り、スライドに挿入してスピーカーノート（発表者用メモ）に葉や実の数や伸びた大きさなどを記述していく。端末持ち帰りの日には、成長記録を書き足したい児童には自由に書き足しをさせた。また欠席があった場合は、友だちが代わりに撮った写真を Google Classroom で送ることで、家庭でも取り組むことができた。

◆ カメラアプリで写真を撮る

カメラアプリで写真を撮ること自体は、昨年の1年生時に経験している。2年生では1人ひとりのプランターに植えたミニトマトの成長の様子を写真に撮る。その際児童には、ただ漫然と写真を撮るのでなく、何か「基準」となるも

友だちに撮ってもらっている様子

のと一緒に撮影するとどのくらい成長したかが分かりやすいことを話し、何を使えばよいかを考えさせた。児童は机の中にあった糊や筆箱、教科書等を使い、苗の横において撮影をしていた。

こういった、記録写真として比較するものと一緒に撮影をすることで見た人にどのくらいの大きさかを分かりやすく伝えられることは、とても大事なことと考える。

苗の隣に糊等を置き、児童同士でとても楽しそうに写真を撮り合う活動が見られた。

◆ 成長の様子をスピーカーノートに記述

成長の様子をスライドのスピーカーノートに記述させていく。同時期に国語で学習している

記述したスライド

「記録の仕方」を大いに参考にさせる。例えば「色・形・大きさ・数・動き・音・匂い・さわった感じ」などであ

る。これらを使ってなるべく詳しく記述させた。また、同時期に算数で学習している「長さ」の学習もふまえると、「葉っぱの大きさは○cmになりました」「実が○個にふえました」と記録に具体的な数字が出てくるのでとてもよい。

児童は4月中旬からタイプ打ちを始めた。記録をはじめた6月では1行打つのがやっとだった児童も、ほぼ毎日タイプ打ちの練習をすることで、夏休み前の7月には5行6行と打てるようになっていた。中にはローマ字表を片手に進める児童もいるので、それぞれができる範囲で、ゆっくりと進めさせている。

◆ 欠席の子には家庭で取り組んでもらう

欠席の児童には、代わりに撮ったその子のミニトマトの写真をClassroom経由で送ることで対応した。

他の児童が撮影した写真を「端末持ち帰り」専用のClassroomに貼り付けて、欠席した児童にお知らせ。欠席した児童が家庭でも取り組めるようにした。

もちろん、全て学校で学習した児童と同じようにはできないので、欠席した児童が登校してきた際には自分で写真を撮らせたり、より詳しく記述をさせたりと自由にさせた。

Google Classroomの様子

写真のスライドへの貼り付けが難しい場合も、教員と一緒に取り組むことで対応した。

ここがポイント

端末操作に慣れることとタイプ打ち

4月中旬から、学びを支えるための端末操作やタイプ打ちに取り組んできた。子どもたちが楽しい・便利と感じ、そしてもっとやりたい！との意欲を持って取り組むことができている。そのことが、家庭においても、子どもたちが端末を使って学習に取り組めることにつながっていると考える。Googleスライドを活用することにより、子どもたちが以前の情報にアクセスして、比較しながら記述をすることができていた。

自治体としての
端末持ち帰りの取り組み

山主公彦 ●甲府市教育委員会・指導主事

1 持ち帰り実施に向けた 早急な準備と対策

　甲府市は山梨県のほぼ中央にあり、県庁所在地でもあります。小中学校は 36 校あり、児童生徒は 11,000 人、教員は約 1,000 人となります。

　令和 3 年 9 月には、市内一斉に情報端末について「持ち帰りの実施と通信環境や学習環境の確認」を行いました。現在は全校で持ち帰りが可能です。

　懸念された内容として

〈家庭にインターネット環境がない〉

　→市で購入したモバイルルーターを無償で貸し出しています。通信費は保護者負担。

〈家庭に端末を持ち帰るために〉

　→家庭での利用の意図を理解していただく中で、正しい活用方法、気をつけて欲しい事柄を連絡しました。

〈有害サイトへのアクセス・体調面への心配〉

　→有害サイトへのアクセスは、フィルタリングソフトで制限をかけています。体調面では、保護者の家庭内での協力は必ず必要なので、学校通信や学級通信で理解を求める取り組みを行っています。

　学習目的で配付されたことで、公的な使い方を学び、私的なスマホ等の情報端末と区別して活用できる方針をもって取り組んでいます。はじめはトラブルがつきものですが、それを乗り越えて児童生徒が主体的に判断・選択して使える力となる機会を増やしたいと考えています。そのためには学校も、必要な対応力を備えることが大切です。

2 標準的な持ち帰りの事例として 学習ドリルや授業の記録・ ポートフォリオ作成

　本市での持ち帰りは、学習内容の予習や復習をドリルアプリで宿題として、家庭で行っています。デジタルの学習ドリルを宿題とすることで、採点の必要はなく、教員は自動集計された結果を見ながら児童生徒の学習理解を確認することが可能です。これまで休み時間を利用して、宿題にマル付けをしていた担任教員の労力は激減しています。その結果生み出した時間を児童生徒との交流の時間にして欲しいと願います。

児童生徒の自立した学びにつながることを目的とする

❸ 学校と家庭との連絡内容を全て ICT で共有が実現する。「持ち帰りたい」と児童生徒・保護者・教職員も願う取り組みを目指す

学校には連絡帳があります。連絡帳は、学校と家庭をつなぐ大切なつながりでもあります。その連絡帳を含めて ICT で行う学校があります。甲府市内の小学校ではクラスのホームページを Google サイトで作成し、連絡帳、クラスの出来事や授業記録まで全てをページ内で共有している事例があります。

- **連絡帳の機能をもたせる**
  → Google スプレッドシートを利用していつでも確認でき、最新の情報が共有できる
- **スケジュールを共有**
  → Google カレンダー™ で先を見通した情報提供で、保護者にとっても嬉しい
- **授業時間内で解説できなかった学習の便利サイトや動画資料などもリンク**して児童生徒の学びを支える
- **自主学習の提出**
- **教科等の記録が残されている**
  →欠席の児童生徒への学習保障

5 年 2 組の日常はこのサイトに凝縮

特に、授業内容をさらに詳しく紹介する動画へのリンクは児童生徒に好評です。「担任の先生が発信する新しい情報」そして、「児童生徒も共につくり上げていく情報」によって、主体的に家庭での利用を進めることができます。

クラスのカレンダーで予定を確認。先を見通した活動ができる。また、自主学習のリンクをスプレッドシートに提出して、お互いの進捗状況をみんなで確認でき

クラスの Google カレンダーで予定を確認。先を見通した活動ができる。また、自主学習のリンクを Google スプレッドシートに提出して、お互いの進捗状況をみんなで確認することができます。

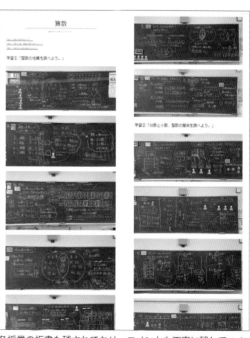

各授業の板書も残されており、コメントも丁寧に残している。やむを得ず数日休みがあっくも児童生徒も保護者も心配しない

18

小学校・音楽科（3年～）
Google Classroom

事例提供：山梨県上野原市立上野原西小学校　小林一澄

家で楽しくリコーダー練習

　コロナ禍で音楽の授業が思うようにできない中、Classroomを活用して、宿題でリコーダーの演奏動画を提出させた。友だちの演奏をじっくり聞き合う機会も設けることができ、「○○さんの演奏が上手だった！」など交流する様子も見られた。さらに1つひとつの動画を消さずに残しておくことで、ポートフォリオのように自身の成長を記録することもできる。

◆ リコーダーの演奏を動画に

新型コロナウイルス感染症の流行に伴う感染拡大防止の観点から、音楽の授業が思うようにできない状況が続いている。特にマスクを外して行うリコーダーについては、飛沫感染の危険性も高く、学校での演奏・指導を禁止された時期もあった。

しかし小学校の音楽において、リコーダーの授業は重要な内容の1つ。どうにかして演奏の機会を設けられないかと考えた。そこで、Classroom の「授業」機能を使って、演奏している動画を児童に提出させた。

リコーダーの演奏においては、息づかいと運指が非常に重要なポイントとなるが、提出する動画に顔を映したくないという児童へ配慮する必要もあるだろう。今回は「指が映ること」「左右反転にしないこと」の2つをルールとし、息づかいについては学校で確認した。

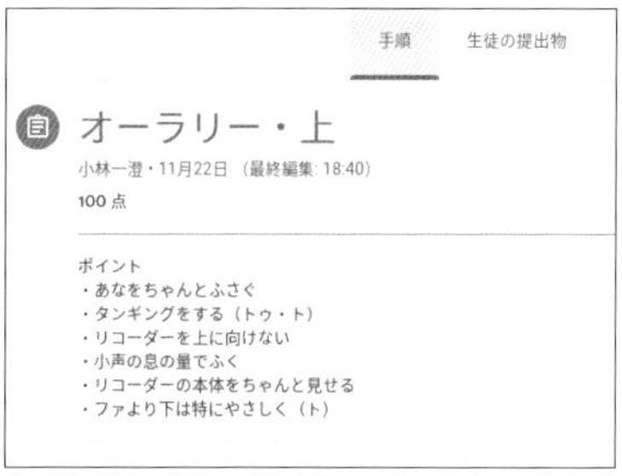

図1 「手順」に記した演奏のポイント

教員は演奏動画のお手本・階名を記入した楽譜・演奏で気をつけるポイントなどを、添付ファイルや「手順」に示して送信。授業中に確認した内容を、家で再度見ることができるようにした。

◆ 友だちとのつながり

従来のリコーダーの授業ではどうしてもクラス全体で演奏することがメインとなってしまい、1人ひとりの演奏をじっくり聴き合うことが難しかったが、それが可能となった。

授業中に全体で動画を視聴する際には、「上手だった人」と「前回よりも上手になった人」を聞く。もともと得意な児童と、苦手な中でも努力を重ねる児童、両方のよさをクラスの中で認め合い、価値付けを行った。

児童からは、「○○さんの演奏が上手だった！」「○○さんみたいに吹きたい」等という声が上がり、互いに高め合おうとする姿勢も感じられた。

◆ ポートフォリオとしての機能

Classroom で課題を提出する際は、複数のファイルを添付することができる。その機能を活用し、毎回の演奏動画を撮り溜めていく形式をとった。練習の様子を蓄積していくことで、自分の演奏が最初と比べてどのくらい成長したのか、振り返ることができた。

図2 提出画面

教員側でも比較ができるので、「最初よりすごく上手になっているね」「努力したんだね」などの言葉掛けを行い、児童のやる気を高めることができる。

ここが
ポイント

保護者ともつながるリコーダーの音色

「うちの子が、よい演奏をしようと、何回も動画を撮り直して頑張っている姿を見て、嬉しくなりました」今回の実践で、保護者から実際に寄せられた声である。繰り返し練習する児童の努力は、保護者にも伝わる。また、「家で一緒にリコーダーの練習をしました」という声もいただいた。授業内での指導ができない代わりに、この実践を通して、学校と保護者で協力して指導をすることができた。

小学校・社会科（3・4年）

Google フォーム

事例提供：山梨県上野原市立上野原西小学校　**小林一澄**

フォームでおさらい！
地域学習

ごみはどこへ・ふく習用

明日のテストに向けて、ごみに関する内ようをふく習しよう！

このフォームでは 上野原市教育委員会 ユーザーのメールアドレスが自動的に収集されます。 設定を変更

上野原市で、もえるごみのふくろに使ってはいけないのは、何色のふくろですか。 *

○ 白

○ とうめい

　地域の実態に左右される3・4年生の社会科は、業者が作成したプリントでの復習が難しい。そこで学習内容をフォームにまとめ、課題を出した。児童たちは学習内容を思い出ながらクイズ感覚で回答し、翌日のテストに向けて復習することができた。回答後の採点も瞬時に行うことができ、学習内容の定着につながった。さらに全体の正答率も確認できるので、授業中に全体で確認したり、個別の支援を行ったりすることができた。

◆ フォームを活用したプレテスト

小学校、特に中学年の社会科は、地域の実態に応じた学習が行われる。地域にある素材を活用することは、児童がより関心をもつことにつながるが、それ故に他教科で全国的に使われているような業者のテストやプリントを使うことが難しい場合も多い。

そこで今回、フォームを使って社会科見学や事前・事後の学習内容をまとめ、プレテストを作成し、テストの前日に、課題として出した。方法は、Google Classroom の「授業」から課題を作成し、フォームのリンクを貼り付けるというもの。

児童はクイズ感覚で回答し、テストに向けて

図1　Classroom の画面

学習した内容を復習することができる。授業中は十分に演習の時間を確保することが難しいが、今回は課題にしたことで、児童もじっくり取り組み、安心してテストに臨めた。

◆ 回答後、すぐに点数を開示

普段からテストの返却を楽しみにしている児童は多い。それは、自分の行いに対するフィードバックを求めているからではないだろうか。

その点、フォームでは、回答を送信した後、すぐに自分のスコアを確認できる。さらに、自分の回答と正誤、誤答の場合は正答が開示され

図2　誤答した場合に表示される画面

る。従来であれば、答え合わせは翌日以降であったものが、その場で確認できることで、より学習の定着率を上げることができた。

さらに、教員が丸付けを行う必要が無くなるので、業務削減にもつながっている。

◆ 全体での確認・個別の支援も

フォームの作成者は、回答者のスコアや回答内容を確認することができる。児童が家庭でフォームに取り組んでも教員が様子を把握できるので、クラス全体の傾向をつかむことができた。

その傾向をふまえ、翌日のテスト直前には特に間違いが多かった問題を全体で確認した。その際には、「そうそう、ここ間違えた！」「この問題、難しかったよね」等の声が上がり、児童も内容を覚えている様子だった。

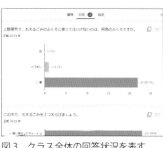

図3　クラス全体の回答状況を表すグラフ

さらに点数が低かった児童については、テスト前に個別の声掛けを行い、一緒に確認することもできた。

ここがポイント　選択と記述のバランス

フォームは選択式・記述式の両方を使用できる。児童が回答しやすいのは当然選択式であり、記述式はグッと正答率が下がる。今回の実践でも、唯一取り入れた記述式で正答した児童はほんのわずかだった。紙のプリントやテストでも言えることではあるが、児童が意欲をもって取り組める難易度を考えることがポイントとなる。

事例 20

小学校・算数科（全学年）

Google Chat、Google Meet

事例提供：鹿児島大学教育学部附属小学校　三宅倖平

学びを広げる！
つなげる！深める！

ゆ　さんは、どういう式になった？

あ　90−15＝75
75の約数は、「1,3,5,15,25,75」で、15より大きな数じゃないといけないから、『25』か
くんと同じで約数を使って考えました。

かこ　おー　いいねー　も,みんなと同じ

あ　でも、答え2つでませんか？

かこ　なんで？

↓ 一番下に移動

あ　25と75がでたんです。

　児童の学びを深めていくために、時間と場所による制約を取り払うことを考えた。具体的には、Chat を活用し、いつでもどこでも仲間と協働的に学び続けることができる学習環境を構築し、日々の学びの中に取り入れた。実践の結果、学びを行ううえでの制約を取り払うことで、児童自身が学びを広げたりつなげたりしながら理解を深めていく姿が多く見られた。

76

Chat で学びを広げる児童

児童たちは、放課後、教員から出された課題に Chat で相談しながら取り組んだ。

図1　Chat で学びを広げ、考えを伝え合う様子

算数に苦手意識がある児童や普段の授業ではあまり発言しない児童も、Chat 上では積極的に相談したり、考えを伝え合ったりし、意欲的に課題に取り組むことができていた。

このように、いつでもどこでも学び会える環境を設定したことで、各自のペースで学ぶことができ、自分なりの考えをもつことができた。

家庭と学校の学びをつなげる児童

次の日の学校では、算数の授業が始まる前から Chat の続きを話し合ったり、考えや答えを確かめ合ったりするなど、家庭の学びを学校の学びにつなげている様子が見られた。

図2　家庭と学校の学びを繋げ、よりよい考えを見出す様子

また、実際の授業では、すぐに互いの考えを伝え合う活動を行うことができた。

1人ひとりが考えをもっているため、解き方や答えの確認だけでなく、「どうして、その考え方を使おうと思ったのか」「なぜ、その答えになるのか」といった考えの根拠についても十分に話し合うことができ、学習内容をよりよく理解することができた。

学びを深める児童

児童は、教員から与えられた課題にただ取り組むだけで満足するのではなく、Chat を活用し、相談しながら発展問題をつくっていった。そして、次の日の学校の授業では、教員から出された課題について確認

図3　発展問題を解き、出題者に答えを確かめている様子

した後に、自分たちで作成した発展問題を出題したり、解説したりしながら、学びを深めていく姿が見られた。

教員の想定を超え、学びを深める児童

Chat を用いた取り組みを行っていると、「Chat だけでは、どうしても上手く伝えきれない時があります。Google Meet で話し合ってもいいですか」と児童から提案があった。

そこで、クラスで Google Meet を使用する際のルールを確認し、試験的に Google Meet も活用してみることにした。

本実践をはじめた当初は、Chat を使うこと自体に面白みを感じている児童の姿も見られた。しかし、今では、Chat や Google Meet などのアプリを教員から与えられるだけではなく、これらのアプリの特徴を理解し、何を活用するべきかを判断しながら、児童自身で学びを深めていくことができるようになった。

ここが ポイント

大切なのは「課題の質」

Chat を活用すれば、本実践で見られたような児童の姿が表出されるとは限らない。私が実践で大切にしたのは「課題の質」である。例えば、考え方も答えも分かりきった課題を提示しても、児童たちは、わざわざ学びを Chat に広げ、話し合ったり、学校での学びにつなげたりはしないだろう。つまり、児童たちが他の児童と話し合ったり、続きを考えたくなるような「多様性」や「発展性」を含む良質な課題を提示する必要があると考える。

小学校・全教科等（5年 / 長期休業中）

Google Classroom

事例提供：山梨県上野原市立上野原西小学校　菅瀬 英

「なんでも提出 BOX」 でつながろう!

 IMG_20220721_130321.jpg
画像

 IMG_20220816_161055.jpg
画像

 IMG_20220819_160723.jpg
画像

限定公開のコメント6件

2022/07/21
先生、見て！！

2022/07/21
すご〜い!!
いっぱい練習したんだね!
ステキな賞状を見せてくれてありがとうm(_ _)m

2022/08/16
先生、久しぶりに、オムライス自分で作ってみました。
うまくできたと思います。

夏休みに児童と交流したり、課題等の相談を受けたりするために「なんでも提出BOX」という課題を作成し、Classroomで配信した。児童は日々の出来事や思い出をChromebookで撮影し提出したり、限定コメントで教えてくれたりした。また、教員は自由研究や夏休みの課題などの質問や相談にいつでも応えることができた。

◆ 児童たちとのつながりを

夏休みの登校日もなくなり、コロナ禍で学校のプール開放もなくなった。そのために、休み中に児童とコミュニケーションをとることが難しくなった。学校で日直をしていると自由研究の相談や課題の質問などの電話がかかってくる。

そこで、夏休み中に全員が端末を持って帰っている利点を活かし、何かあれば気軽に担任とコミュニケーションがとれる方法を考えた。

図1　Classroom での配信画面

方法は実に簡単。「なんでも提出BOX」という課題をClassroomで配信するだけである（図1）。

◆ 学校よりもつながれる!?

実際に夏休みに入るといろいろなものが提出された。一番多かったものは課題の状況を伝えてくれるものであった。読書感想文や自由に取り組んだ課題などを写真に撮って提出してくれた。普段だと休み明けにしか見ることができないが、休み中に見ることができたため、必要に応じてアドバイスをすることができた。

次に課題についての質問であった。限定コメントは教員と1対1でやりとりができるため、みんなの前では質問できなかったことやこれでいいのか不安なことを聞いてくる児童がいた。もしかすると普段は保護者に相談していたのかもしれないと感じた。保護者も分からなければ

学校に電話して…となっていたことが気軽に質問できるようになった。こうして安心感を与えることができたことは大変よかった。

そして、「先生〜」と楽しい報告をしてくれる児童たち。夏休みは児童にとって楽しいこともいっぱい。習い事の話や家族旅行の話、普段できないことをした話等写真付きでコメントを提出してくれた。学校ではなかなかとれない楽しい時間を児童と共有しているようで、大変嬉しかった。また、児童たちの知らない一面を垣間見ることができた。

◆ 広がる活用

「なんでも提出 BOX」は夏休みのみであったが、2学期になって課題を配信すると限定コメントでいろいろな相談や話をしてくれる児童が

図2　自由研究の様子（アイスづくり）

増えた。行事の感想や日々考えていること、指導したことについて家に帰り冷静になったところで反省を書いてくる児童。休み時間もなかなか1人ひとりと落ち着いて話をする時間がとれない中、端末を使用することでつながりをもつことが可能になった。

図3　2学期のコメント

安心感のあるつながりを

Classroom に課題を作成しておくだけ。提出の義務もなければ、期限もない。なんでも提出してよい。児童の提出物やコメントにはあたたかいコメントで返す。それはお便りに書いてあると思っても、丁寧にもう一度教える。すると児童は安心して、いろいろと話してくる。端末を持ち帰っているからこそできる気軽なつながり。でも大事。最後に保護者も管理職も見ることができるから、より安心である。

小学校・算数科（5年）

Google Jamboard

事例提供：熊本県高森東学園義務教育学校　津田 歩

Jamboard を使った ポートフォリオ作成

名前：○○

A店のお米は3kgで代金は660円でした。B店のお米は2.5kgで代金は600円でした。どちらの店のお米が安いのだろう。

A店　　　　B店

3kg：660円　　2.5kg：600円

図・式など

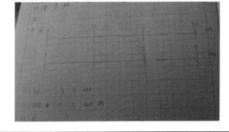

説明(ノート写真もしくは入力)

まず、なぜこの図になったかといいますと、この図の中ではまず1kgが何円かわからないわけで、分かっているところを書き込みました。
式を説明します。しきは1kgを何円か求める式をします。660を3等分して、1キログラムが何円かを求めます。

友だちからのコメント

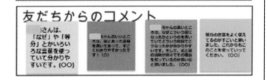

算数科の授業において児童が単元のゴールの姿を意識して学びに向かえるように、単元を通したポートフォリオ作成をJamboardで行った。

Jamboardには毎時間の課題に対してどのように考えたのかが分かる過程を残していった。

そしてJamboardのファイルを共有した。ファイルを共有したことで家庭学習において他の児童の考えを自分のペースで確認し、自分の考えを再考することができることが分かった。

Jamboardでポートフォリオを作成したことで、教員が毎時間の学びの成果を確認し、単元を通して身につける資質・能力を意識することができた。

◆ 授業中に書いたノートを 写真に撮り、画像として挿入

ゴールの姿を意識して学びに向かえるようにするために Jamboard を活用した。ノートに書いた図や式を写真に撮り、Jamboard に貼り付け、文と照らし合わせ考えを共有した。考えを共有したことで家庭学習において他の児童の考えを参考にして自分の考えを再考しようとする意欲の向上も見られた。

単元のゴール

小数のわり算の計算の仕方を聞く人に分かりやすい言葉で説明できる。

Jamboard 1 ページ目に載せた単元のゴール

家庭におけるコメント記入の様子

◆ 毎時間の授業のはじめに 他の児童へのコメントを紹介

授業のはじめに家庭で書いてきたコメントの中で説明の仕方についてのものを教員が取り上げ児童が紹介し、単元を通して何を身につけていくのかを毎時間確認した。児童は本時でも分かりやすい説明になるようにゴールを意識して取り組んでいた。

◆ 単元のゴールやこれまでの学習を 家でも確認

ポートフォリオを Jamboard で共有したことで教室以外でも端末 1 台で単元のゴールやこれ

までの学習を振り返ることができるようになった。

Jamboard に貼り付けるためにノートを撮影している様子

◆ 他の児童へのコメントを 付箋に書いて共有

家庭において他の児童の考えや説明を見て、よいところを付箋に書いた。

自分と他の児童の説明を見比べることで「"まず"や"次に"という順序を表すことばを使うこと」や「図に矢印を付けること」でより分かりやすい説明になることに気づいていた。また、他の児童からのコメントをもらうことで「次の学習では、図にも印を付けて説明しよう」とゴールの姿を意識しながら学習する様子も見られた。

コメントをもとに、他の児童の説明のよいところを紹介している様子

ここがポイント

活動の意義や有用性を明確に

ポートフォリオは学びを記録したものだが、作成に手間がかかりすぎると毎時間記録することが苦手な児童にとって学習の負担が増え、学びへの意欲が薄れる恐れがある。児童の学びへの意欲を維持するためには、教員がポートフォリオを作成する前に児童にポートフォリオの意義や有用性を明確に示すことが大切だと思う。

小学校・授業時間外（5年）

Google スライド、Google ドキュメント、Google Jamboard

事例提供：愛知県春日井市立松原小学校　山川敬生

自主学習を
１人１台学習者用端末で

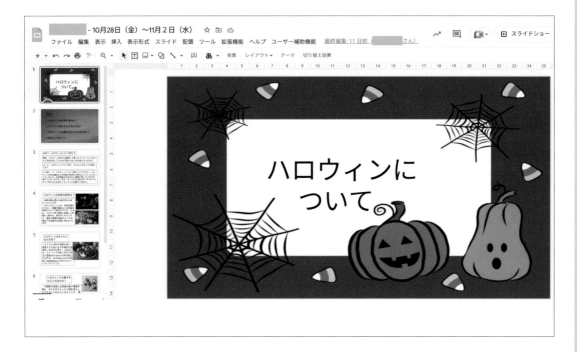

　家庭学習として出している自主学習を１人１台学習者用端末で行わせた。どのツールを使うかは児童に任せた。児童は、自身が興味をもったことや、気になっていること、苦手としていること等を、スライドやドキュメント、Jamboard 等を使って作成していた。従来のノートで行うことに比べ、情報を整理しやすい・まとめやすい・画像や写真を入れやすいといった意見が得られた。

◆ 自主学習の進め方

5年生になり、「何をするとよいのかを自分で考えて、自分で学ぶ力を身につけるクセをつける」ことを目的とし、そのために「今の自分や将来の自分のためになることをしよう」と児童に伝え、自主学習を家庭学習として出した。

自主学習の進め方として、

①めあてをつける
②動機を書く
③めあてに対するゴールを決める
④内容に取り組む
⑤③のゴールが達成できたか＆振り返りを書く

という手順で進めることを伝えた。

手順を示すことで、目的意識をもって自主学習に取り組むことができていた。

1人1台学習者用端末を用いるということは、児童はツールを選択しなければならない。いきなり使うといっても、使い方を知らなければ使えないものである。日々の学習の中で、スライドやドキュメント、Jamboard 等を使用するといった、児童が使い方を知る場面を設定することは必要である。

◆ Google Classroom を活用しよう

自主学習を把握するための Classroom を作成した。週に1回は必ず提出するように児童と約束をしていたため、Classroom に1週間ごとの課題を出し、そこに提出する形をとった。もちろん必ず学習者用端末で出さなければならない

資料1　自主学習用 Classroom

わけではなく、漢字や計算等、端末よりノートが適していると児童が自ら判断したものについては、従来通りノートでやってもよいこととした。

◆ 授業や学校生活とつなげてみる

日頃の授業の中でのちょっとした発言から疑問が生まれることがある。また、学校生活を送るうえで、なぜそうなのだろう、調べてみたいと思うことがある。そのような児童の疑問や意欲を拾い、「それを自主学習で調べてみたらよいのでは？」と伝えると、自主学習で何を行えばよいのか分からない児童にとっての手助けとなる。

「なんでもよい」とすると難易度が上がってしまう児童もいる。そのような児童には、今までの他の児童の自主学習を見せたり、こんなことができるよというヒント集を与えたりすることで、その中から見つけられるようにした。

資料2　国語の学習とつなげた自主学習

ここが
ポイント

児童に任せてみよう

自主学習は名前の通り、「自主」的に「学習」を進めることである。行う内容については児童自身に考えさせることで、自分が何をしたいか考える選択肢が広がる。苦手としていること、得意でさらに伸ばしたいこと、気になったこと、興味をもったこと等、様々なことから選ぶことができる。さらに学習者用端末のツールも選択させることで、どのツールをどのようなときに使うとよいのかを自然と身につけることにつながる。

小学校における 家庭学習の分類

本書に収録された小学校の家庭学習の事例を分類すると、
1. 情報活用能力の習得、2. 授業の予習・復習、3. 自主学習、4. 情報モラル・セキュリティ、
5. オンラインの活用、6. 個別最適な学びに大別できた。（信州大学教育学部・准教授　佐藤和紀）

本書に収録された小学校の家庭学習の事例を分類すると、1. 情報活用能力の習得、2. 授業の予習・復習（情報の収集、反転学習、まとめやふり返り、テスト）、3. 自主学習、4. 情報モラル・セキュリティ、5. オンラインの活用、6. 個別最適な学びに大別することができた。一つずつ解説していきたい。

① 情報活用能力の習得

学習指導要領では、言語能力や問題発見・解決能力と並び、情報活用能力が学習の基盤となる資質・能力だと定められている。情報活用能力が身についていなければ、児童生徒は ICT を学習の道具として上手に活用することはできないため、まずは端末を操作する力をしっかり指導して身につけさせる必要がある。児童生徒が端末を活用した授業では、キーボード入力が遅ければ授業を停滞させ、貴重な時間を失ってしまう。キーボード入力を学ぶ時間を確保し、繰り返し練習し、授業に支障のないレベルのスキルを身につける必要がある。そもそもタイピングが遅かったり、端末の操作スキルが不十分だったりすると、端末を持ち帰っても活用することはできない。

そこで、1 日 5 分間のタイピングタイムを設けたという取り組みがあった。1 日 5 分というのがポイントだろう。週 3 回の 20 分ずつよりも、毎日 5 分のほうが慣れやすく、積

家庭学習の初期段階で取り組む例

み上がりやすくなる。

この事例から分かることとして、まずは毎日端末に触れて情報機器の基本的な操作を習得させていくというねらいがある。また、もう 1 つのポイントとしては、文字数を可視化している点だ。毎日自分が少しずつでも成長していることが分かるうえ、クラウドでファイルがクラスに共有されていたり、データがひとまとまりになっていたりすれば、他の児童生徒の頑張りも参照することができるので、さらにやる気になることだろう。

また、ミニトマトを毎日撮影し、整理するという取り組みもあった。この事例も「毎日取り組む」という点が優れている。毎日撮影をすれば、どの角度で、どの距離で撮影すればよいか、その吟味ができるようになっていくので、情報機器の基本的な操作を習得していきながら、伝わりやすい撮影の仕方も考えられるようになっていく。

一般的に、写真は被写体にピントを合わせ

て撮影することがポイントになる。端末はスマートフォンとは違って、最初は慣れずに撮影がかなりしにくく感じ、上手に撮れない。児童生徒の写真の状況をクラウド上で確認しながら、適宜撮影のポイントを配信していくと、より充実した取り組みになっていくはずだ。

　学校だけで情報機器の基本的な操作を習得していこうとすれば、どうしても時間が取れず、不十分になりがちだ。不十分だからまだ家庭への持ち帰りはできない、という話をする教員がたまにいるが、むしろ積極的に持ち帰って、習得させる方がよいだろう。言語能力の育成のために、授業だけでは足りないから、漢字練習や日記に取り組ませるように、情報活用能力の育成も授業だけでは足りないから、タイピングや撮影などの簡単なことから取り組ませたいものだ。

２ 授業の予習・復習

（１）情報の収集

　授業のめあてや学習問題に対しての情報収集を家庭で行う事例も見られた。予習的な活動としてとらえてよいだろう。家庭では１人で取り組むことになるが、クラウド上に情報を収集することで、児童生徒同士でファイルの相互参照が可能となり、１人で困ったときでも、学習を進めやすくなる。

　これまでの家庭学習では、確実に１人で取り組まなければならない活動だったが、クラ

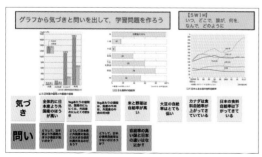

家庭学習で情報の収集に取り組む例

ウド利用によって相互参照が可能になったことで、１人ではなくなった。家庭学習が進められない児童生徒の存在は、「どのように学習を進めたらよいか分からない」すなわち、学習の進め方（学習過程）や学び方が分からなかったことに起因する。それは、これまで学校では学習内容のみが教えられ、学習方法まで学ぶことがなかったからだろう。

（２）反転学習

　反転学習とは、授業と宿題の役割を「反転」させ、授業時間外にデジタル教材等により知識習得を済ませ、教室では知識確認や問題解決学習を行う授業形態のことを指す（重田 2014）。事例では教科書の他に動画教材も活用し、児童生徒がまとめたノートの画像をGoogle スライドに貼り付けていた。

　この事例の場合も、これまでならノートは自分のものであって、他の児童生徒に広く公開したり共有したりするものではなかった。それが、クラウドの活用によってノートも共有され、コメント機能によって教員や他の児童生徒からのコメントももらえるようになったことで、１人で困ることも少なくなり、かつ上手なノートを参考にできるようになった点が優れている。

ノートとクラウドで反転学習に取り組む例

（３）学習の振り返りやまとめ

　学習のまとめとして、振り返りやテストなどを Google スプレッドシートや Google フォームに記入して、習得状況を自分で確認しながら、次時への見通しをもつ事例が見ら

れた。そうすることで、自分が学習を通して分かったことや学び方についてじっくりと振り返ることができるだろう。また、クラウドを通して児童生徒は相互参照を行うことができ、振り返りをする際の書き方や観点を他の児童生徒のものを参考にしながら書くことができるようになっていく。

❸ 自主学習

これまでの自習学習は、（紙の）ノートに取り組むことが多く、例えばインターネットで情報を調べたり撮影したりしたものは、プリントしてノートに貼り付けるなどの手間がかかった。それを、自主学習で端末を活用することも許容することで、ノートでも端末でも取り組むことが可能になるため、児童生徒にとって自主学習の幅が広がる。Googleスライドや Google ドキュメント、Google Jamboard と、用途に応じてツールの使い分けもできる。

プログラミングや動画制作などの自主学習も生まれてきている。こうした取り組みを通して、児童生徒は端末をさらに使いこなしていけるようになっていく。それは彼ら彼女らの可能性を無限に広げる取り組みにつながっていくことだろう。

❹ 情報モラル・セキュリティ

情報モラルの授業で「学んだことを保護者に伝える」活動を取り入れた事例があった。児童生徒は活動の中でアプリケーションを多用し、その中でも情報モラルを習得していく。

保護者世代は、端末を活用した取り組みについては経験がないため、特に端末をなぜ活用するのか、そこには効果があるのか、危ないことはないか等心配なことを挙げればきりがない。学校で取り組んでいる情報モラルや情報セキュリティの内容を、家庭で児童生徒が自ら保護者に伝える活動を通して、保護者は安心してくれるだろう。

また、活動を通して、保護者と児童生徒が対話するようになる。その中で、日頃の生活習慣や家庭でのゲームやインターネットの使い方、学校の端末の使い方などに会話が広がっていき、日常を振り返るきっかけにもなる。保護者が安心してくれるからこそ、端末の持ち帰りもさらに進むようになっていく。

❺ オンラインの活用

事例では、長期休暇中に Google Meet を使用して Google スライドを作成するための相談会を行っているものがあった。

学習活動が対面で行われているときでも日常的に情報端末を使っていれば、クラウド上での操作やその仕組みも理解できているので、たとえオンラインで授業をするとなったとしても、目の前に教員や他の児童生徒がいない程度の感覚で取り組むことができる。また、オンラインを活用できるクラスでは、対面授業の時にも、避難訓練的に教室内や学校内で、1 週間に 1 度、オンラインでつながる練習をしている。

一方で、日常的にクラウドを使っていないクラスでは、教員も児童生徒もオンラインでは何ができるか、クラウドでは何ができるか、その理解と見通しがないため、対面授業で同じ発想のもと遠隔授業を設計してしまい、クラウドを活用せずにカメラとマイクのみで授業をしてしまう。日々の中でクラウドを使いこなしていくことでオンラインの活用が可能になる。

日常的に情報端末を活用していない、あるいは情報端末は活用しているけれどクラウドを利用していない、教員も児童生徒も慣れていない学校やクラスが遠隔授業をしようとした場合、次のような形の授業ができあがって

いくだろう。

　端末を黒板に向け、教員は板書をしながら端末に向かっていつものように授業をする。しかし、普通の情報端末のカメラの解像度やマイクの性能は、そこまでよいものではないために、いつもの教室の授業のように取り組んだとしても、オンライン上にいる児童生徒には、いつも通りに上手く伝わっていないことだろう。

　また、児童生徒はノート等に学習の成果を残すことになるが、その日のうちに教員が評価したりフィードバックしたりすることはできない。

　事例では、Google Chat や スペースを活用して自主学習を支援する取り組みも行われている。一般的に自主学習は主にノートで行われるが、Chat やスペース上で教員の支援やフィードバック、他の児童生徒の取り組みが見られる状況で学習ができれば、そのことで教員からのフィードバックをもらいやすくなるだけでなく、学習の流れや学習の方法が自然と広まることで学習の質の高まりが見られるようになる。こうした学級ではオンラインやクラウドが、大人が活用しているように日常で当たり前に使われている。

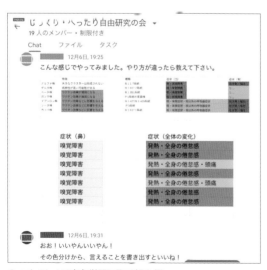

Google Chat で自主学習に取り組む例

6 個別最適な学び

　個別最適な学びは、知識や技能などの習得を目指す「指導の個別化」と、探究的で目標や学び方を選択していく「学習の個性化」に分かれている。これらも学術的には細分化されており、様々な形の学習形態があるが、いずれにせよ「個別最適な学び」であるから、めあてや学習の進度、学習形態などが、一部違ったり、多くが違ったりすることが前提となる。

　マット運動の事例では、端末を持ち帰り、家庭で技能を高めるトレーニングを行っている。そして、前転のステップ表を見て、どのステップから取り組むかを決め、取り組み後に、練習したことを Google Classroom のコメントに書き込んでいる。また、Classroom を活用して、宿題でリコーダーの演奏動画を提出する事例もあった。1 人ひとり技能習得の進度が違うことが前提で、1 人ひとりが練習する箇所や回数が違う。取り組み方次第では、家庭学習でも個別最適な学びは充実する。

スプレッドシートで学習の進度を共有する例

〈参考文献〉
重田勝介（2014）反転授業 ICT による教育改革の進展. 情報管理、Vol. 56、No. 10、pp. 677-684

中学校・外国語科（2年）

Google スプレッドシート、Google フォーム Google サイト

事例提供：新潟県見附市立西中学校　山﨑寛山

英単語ドリルの練習成果を共有しよう

英単語ドリル記録表

ファイル　編集　表示　挿入　表示形式　データ　ツール　拡張機能　ヘルプ　　最終編集: 6分前

出席番号	生徒氏名	ドリルの合計練習時間の入力（テストに合格したら，「テスト」欄のボックスにチェックを入れる）							
		L1 Get 1	テスト	L1 Get 2	テスト	L1 USE	テスト	L1 TA	テスト
2101		20	☑	20	☑	15	☑	20	☑
2102		15	☑	10	☑	10	☐		☐
2103		10	☑	15	☑	10	☐		☐
2104		30	☑	20	☑	15	☑	5	☐
2105		25	☑	15	☑	10	☐		☐
2106		15	☑	20	☑	15	☑	15	☑
2107		20	☑	10	☑	25	☑	20	☑
2108		10	☑	5	☑		☐		☐
2109		15	☑	0	☐		☐		☐
2110			☐		☐		☐		☐
2111		5	☑	10	☑		☐		☐
2112		20	☑	20	☑	15	☑		☐
2113		25	☑	25	☑	30	☑	20	☑

授業で学習した英単語について、家に帰ってデジタルドリルを利用して復習する課題を出した。スプレッドシートで記録表を作成、共有し、家で練習した時間を分単位で入力したり、付属の小テストにトライして合格したらチェックを入れたりできるようにした。その結果、教員が学習の様子を把握できるだけでなく、生徒同士が目標達成に向け、切磋琢磨して取り組む姿が見られた。

◆ ワークやドリル付属教材を活用する

多くの英単語を効率よく覚えていくためには、デジタルアプリや学習用 Web サイトを活用していくことも必要と考え、教科書会社やワーク等の教材会社が提供しているドリル型の無料コンテンツ活用することを考えた。

しかし、「各自でやっておいて」と生徒に任せるだけでは成果は上がらない。そこで、家庭学習として生徒にスプレッドシート で作成した記録表を準備した。ここに単元ごとに自分が学習した時間（5 分単位の数値で入力）を入力するように課題を出した。もしコンテンツに小テ

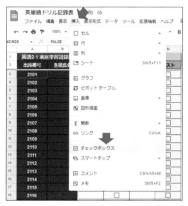

図1 チェックボックスをセルに配置する方法

ストができる機能があれば、隣に「合格したかどうか」をチェックするチェックボックス機能をつけるとよい（図1）。

このスプレッドシートをクラス単位で共有することで、生徒自身が自分の進捗を確認するだけでなく、他の生徒とお互いに意識し合って取り組めるようになった。

◆ もし教材を自作するなら

図2 フォームの設定画面で「テストにする」

ドリル教材がない場合、あるいは自分でカスタマイズしたいという場合は、フォーム等を使って自作する方法もある。フォームを「テストにする」ことで、即時に生徒にフィードバック（正解、スコア、アドバイス等）を返す設定ができる（図2）。

今回は回答を直接入力する形式にした。正答は1つしかないため、正解以外は得点を与えない設定にした。また、設定では下にある「プレゼンテーション」の「フォームの編集」にある「質問の順序をシャッフルする」をオンにすることで、毎回開くごとに問題の順番を変えることが可能である。

◆ ポータルサイトを利用する方法も

筆者は持ち帰りを試行した際に、家庭学習用 Web サイトを Google サイトで作成して生徒に提示した。課題を一覧にまとめたことで、全教

員が共有、把握できて便利だった（図3）。

図3 サイトで作成した家庭学習用 Web サイト

ここがポイント 既存のデジタル教材を負担なくうまく使おう！

既存のデジタルドリルやテストをうまく活用することで、教員は負担なく家庭学習を提示できる。また、生徒は自分の進捗を入力することで、自分の学習記録を残しながら、他の生徒がどこまで進んでいるのかを把握して、「自分も頑張ろう！」と目標をもってさらに臨めるはずである。クラスによっては進度差が大きくなる場合があるので、例えば名前や番号の欄に色の名前などを割り当て、匿名性を保つことで不安を取り除くことができる。

25

中学校・総合的な学習の時間（1年）

Google サイト、Google スライド、Google Earth、Google スプレッドシート

事例提供：新潟県見附市立西中学校　山﨑寛山

家庭で調べ学習・まとめ学習

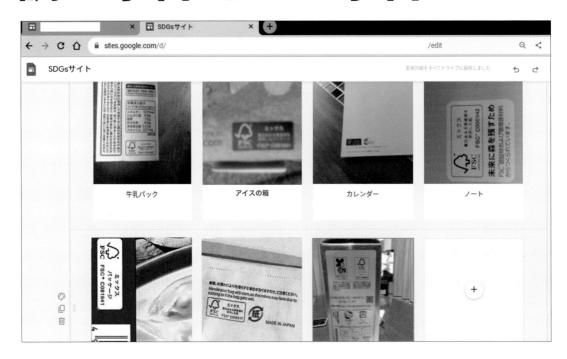

　学校で取り組んでいる SDGs（持続可能な開発目標）の活動の一環で、身の回りにある環境保全に関するマーク（FSC 等）を探すこととなった。端末を持ち帰り、家庭内を見回し、関連するマークを見つけて写真を撮り、それをサイトにアップする活動をした。従来であれば、家庭で探し、データを学校に持ってきて、アップしなければならなかったが、家庭で瞬時にアップしたり、情報を付け加えたりできたので時短につながった。

◆ 家庭に持ち帰るからこそできる課題

「身近にあるSDGsに関連するマークを探そう」というテーマの学習では、学校内を探すだけでは種類や場所が限定されてしまう。端末を持ち帰った時に、家にあるFSCマークをカメラで撮影し、Googleサイトの指定した場所に種類別に貼り付けるよう指示した（図1）。

図1　サイトに課題の説明ページを作成

1人1台端末を持ち帰ることでカメラの機能が活かされ、また、共有サイトにアップすることでまとめ作業にかかる時間が大幅に短縮された。

◆ 行事の事前学習にも活用できる

1人1台端末を持ち帰ることでできる作業の時短の例として、修学旅行がある。

事前学習として、行き先の歴史を調べたり、グループ別行動のルートを検討したりする作業には、どの学校でもかなりの時間を費やす。そこで、自分の調べる場所について、家で調べてスプレッドシートにまとめさせた。

次に、グループ別行動のルートをテーマに沿って自分でプランを組み立てる事前活動をGoogle Earthを用いて行った。グループ別行動は最初からグループで話し合って決めることが多い。今回は、家でじっくりと思考してプレゼンできるよい機会ととらえ、Google Earth上

図2　Google Earthで班別行動のルートを作成

でルートを作成、提案する課題とした。図2のようなプロジェクト（ひな型）を教員が作成、共有し、生徒は個人の計画をGoogle Earth上にプロットした。完成したリンクをスプレッドシート上で生徒全員と共有した。

◆ 行事の事後学習のまとめにも活用

職場体験学習など、行事のしおりをデジタル化しておくことで、記憶が新鮮なうちに、家でまとめができる。

図3のように体験学習で、事後のまとめレポートの書式をGoogleドキュメントで作成し、あらかじめ配付した先には、事前に生徒がChromebookを持参すること、レポート用の写真を何枚か撮らせてもらいたいことを伝えておくとスムーズである。

図3　体験レポートの書式例（ドキュメント）

ここがポイント　調べ学習や資料作成を家庭学習に組み込もう

事前の調べ学習の質と量は、生徒の深い学びに大きく影響する。そこで、家庭でできる作業を単元計画の中に組み込んでみる。事例のように、Chromebookを持ち帰って家庭でできる調べ学習や資料の作成作業などから取り組んでみる。その際、生徒の家庭生活や他の宿題等のバランスを考慮して、事前に1日あたりの目安の学習時間を提示しておいたり、効率よく作業するための説明を準備したりすることが、持ち帰り学習が進む一要因になる。

中学校・特別活動（1年）

Google Chat

事例提供：愛知県春日井市立高森台中学校　小川 晋

学年のプロジェクトをChat を使って動かす

七夕〜星に願いを

〜自分の夢や目標、願いを明らかにしてそれに向かって
自分なりの努力をしよう〜

内容・・・　7月5日（火）の朝のSTの時に一人ひとりが
短冊に願いを書き、室長が回収する

入学したばかりの中学1年生でも、Chat を活用することで以前にも増して自治的でクリエイティブな活動が可能になった。Chat のよさは、いつでも・どこでも・情報を瞬時に共有できること。1人1台環境になる前は、意思決定や、生徒が実際の活動に移るまでに多くの時間を要していたが、Chat を活用することで活動がより円滑になり、自治的な集団形成のスピードが速くなった。

◆ 生徒が成功させたイベントの裏に Chat あり

　7月、七夕の飾りが廊下を彩った。1年生の全ての生徒の願い事が書かれた短冊が廊下に置かれた笹の葉に飾られた。通りがかった教員や、上級生の目を引き、学校内の注目を大いに集めた。これは、入学したばかりの1年生の各クラスのリーダーが企画したものだ。1年生になぜこのようなイベントの企画と実施が可能だったのだろうか（図1）。

図1　七夕の飾りを楽しむ生徒の様子

　大きな役割を果たしたのが Chat だ。入学して3カ月あまりの生徒でも Chat を活用すればこのようなイベントを実施し、成功体験を得ることができる。そのステップについて説明する。

　入学直後にリーダーとなった生徒同士で早速 Chat を組む。まずは気軽に発信する経験をさせる。次に活動のモデルを示す。最初は教員がリードして情報を発信し、活動のイメージをもたせる。例えば企画書のモデルを Chat に発信するなどだ。生徒に意識させたのは、Chat での発信の仕方だ。文字情報だけでなく、画像やファイルを発信することで情報の共有が円滑になることを生徒が体感することができる。このようなステップを踏ませれば、あとは自分たちで同じように進めるだけだ。

　七夕のイベントの企画を自分たちで立てて運営までを生徒が自分たちで進めた（図2）。リーダーの1人が企画書を作成し Chat に上げる。企画書はドキュメントファイルなので、複数人で共同編集をして修正することができる。企画が出来上がる過程をメンバーみんなが見ているので、イベントの趣旨や進め方が共有されながら仕事が進められる。イベントの成否は情報の共有にかかっているが、リアルタイムで次々と情報が共有されるため、イベントの成功率は高くなる。生徒はすばらしい成功体験を味わうことができた。

◆ 生徒が Chat を使える環境をつくるために

　多くの教員は、これまで教育現場で SNS の負の側面をたくさん目にしてきた。言い換えれば、私たち教員はこれまで、学校に持ち込まれる SNS の負の側面を象徴するような事例にしか出合うことができなかったのかもしれない。もしかしたら、自分の学びをよくするために、自分の可能性を伸ばすために SNS を活用した生徒がいたかもしれないが、そのような活用事例が学校に持ち込まれることはほとんどない。私たち教員はそのような経験則から SNS に対して指導上の価値判断をしてはいないだろうか。もちろん、よくない使い方をする生徒もいる。しかし、Chat 上の問題行動も、1人1台環境だから見えるようになったと考えることができる。

図2　リーダーによる Chat 上での企画書の発信

Chat に限らず生徒の問題行動には、複雑な背景が存在することが多い。そうしたものを紐解きながら、必要な教育を行っていくということは変わらない。

ここがポイント

生徒と共に、楽しく歩むことを意識する

　イベントごとなので、楽しいのが一番。楽しいから、生徒は工夫するようになるのだろうと考える。最初は生徒が進めやすいように教員が Chat を盛り上げていくことも必要かもしれない。「いいね」や仲間として生徒を励ますような発信をすることで、生徒もそれをまねするようになる。この実践を進めた教員は、Chat 上でもリアルでもいつも明るい言葉掛けをしている。楽しい活動は長続きもする。

中学校・社会科（1年）

Google スライド

事例提供：愛知県春日井市立高森台中学校　小川 晋

夏休みの課題で地域の歴史ある場所をスライドにまとめる

　1人1台端末環境になる以前には、夏休みの課題として市販の「ワーク」を決められた分だけ取り組ませることが多かった。環境が変わった今、中学校でも生徒が、自分らしく探究的に学習を進めることができるような夏休み課題を出しやすくなった。Google Classroom に置く資料を充実させたり、うまく進めている生徒のスライドを Google Chat で紹介したりする等の工夫によって苦手意識のある生徒も取り組みやすくすることができた。

◆ 1人1台端末環境の社会科夏休み課題

1人1台環境になる前も、夏休みに課題を出していた。市販の「ワーク」を課題として出すことが多かった。いわゆる5教科と言われる教科ほどその傾向が強かったように思う。ページ数を教員が指定して、生徒が期日までに学習を進めて提出をするという流れだ。

日ごろから自分で学習を進めることができる生徒を育てたいと考え実践を行っている。夏休みの課題も、生徒が自分の思いをもとに進められるものにしたいと考え、本実践を行った。

課題は「地域の歴史ある場所を紹介しよう」である。生徒が自分の町を歩いて歴史ある場所を探す。その場所に実際に足を運び、写真や動画を撮る。行ってみて分かったことを自分でスライドにまとめるというものだ。「歴史」という括りの中で、どの場所を扱うかは生徒自身で決める。集める情報も場所によって違うし、生徒によってまとめ方も変わってくる。個性的な学びを各自展開できるようにした。一方で、これまで経験したことがない、このような課題に不安を抱く生徒もいる。不安を少しでも小さくするためにいくつかの工夫を行った。

◆ 全ての生徒が取り組むことができるようにするための工夫

いくつかの工夫を紹介する。

Classroomに学習の進め方を記載した。勤務校のある地域は、開発される以前はほとんどが山だったことから、歴史ある場所と言われても

図1　学びやすくするための資料をClassroomに置く

なかなか見つけられない生徒がでることも予測される。生徒が困らないように、春日井市の歴史的建造物のリストを資料として置くなどした（図1）。

スライドには動画を挿入してもよいことを教えた。「え!? やってもいいんですか？」「面白そう！」「まるでYouTuberじゃん」といった反応だった。生徒たちは日ごろからYouTuberの発信を見慣れている。自分も動画をつくってみたいと思っていた生徒もいたようだった。楽しく学習を進める雰囲気をつくった。

夏休みが始まって生徒の取り組みを見ていると早速取り掛かることができている生徒がいた。こうした生徒の作品をGoogle Chatに上げる等して、取り掛かれていない生徒の参考になるようにした。

何よりも、日ごろから様々な授業で情報を集め、整理分析するような学習を行ってきている。

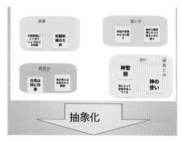

図2　日ごろの学びを活かして情報を整理する生徒のスライド

いつものように進めるだけで立派なまとめができあがっていた（図2）。

 ここがポイント

最初から、すごいものを求めない

こうした活動における教員の役割は、生徒の不安を少しでも減らしたり、苦手意識をもっている生徒をサポートする手立てをとったりすることではないだろうか。幸いにもクラウドでつながっているので、よい事例を紹介し、活動の停滞している生徒にメッセージを送ることも可能だ。何よりもチャレンジしただけで素晴らしいので、最初からすごいものをつくれなくて当たり前、やってみただけでOKだということを繰り返し生徒に伝えておきたい。

中学校・社会科

95

中学校・技術科（2年）

Google Classroom

| 事例提供：長野県須坂市立東中学校　北原大介 |

学習者のペースで取り組む プログラミング学習

期限: 2022/10/17

この学習では，以下の課題①〜⑤を**期限（１０月１７日）**までに各自のペースで進めていきます。
授業時間にどんどん進めて良いし，足りない分は，家で端末を活用して進めてください。

［学習問題］
「誰にとっても，安心・安全で使いやすいチャットプログラムを作ろう」

［課題］
①Lesson1　伝言板をデザインしよう・・・Q.どういうデザインなら使いやすい？
②Lesson2　サーバと通信しよう・・・Q.プロトコル（通信の約束事）って何だっけ？
③Lesson3　文字を送受信しよう・・・Q.どんな文字でも送受信するにはどうすればいい？
③Lesson4　画像を送受信しよう・・・Q.画像の大きさや情報量（データ量）を適切なものに変えるにはどうすればいい？
⑤**Lesson5　伝言板を完成させよう**・・・Q.どのようなデザイン・機能・利用規約にすればいい？

［時間（目安）］
全４時間＋家庭学習

［提出課題］
①Lesson1〜4（ドリル課題）：コンピュータ上で取組状況が分かります。
　Lesson5（オリジナル作品）：評価対象として重要。
②**利用規約**：誰にとっても安全で，使いやすいチャットとなるような利用規約を考えて提出する。（発展学習）

中学校技術科の「双方向性のあるコンテンツのプログラミング」について、各自のペースで進める授業を行った。Classroomに「何を行うのか」「どのように追究するのか」「時間の目安」「提出課題」「評価方法」「ルーブリック」を明示するとともに、外部リンクとして無料登録で活用できる学習アプリと、関連する補助資料を添付した。授業では、学ぶ形態を必要に応じて変えながら個々に学び、家庭でも課題を進める生徒が多かった。

◆ 教えるより学習効率がよいかも

中学校の技術科では、プログラミングに関わる題材を2回行うことが必修とされているが、限られた時間数の中で生徒が効率的かつ効果的に学ぶという視点から判断すると、既存の学習アプリを活用することも有効だと考える。

本実践では、「特定非営利活動法人みんなのコード」が提供している「プログル技術」を教材とした。このアプリの特徴は、スモールステップと即時フィードバックを用いたドリル学習で構成され、自分で学習を進めることで、双方向性のあるコンテンツの理解、メディアの特性、ユニバーサルデザイン、サーバとの通信方法、情報処理の手順（順次・反復・分岐）を段階的に習得できるようになっている。また、習得した知識と技能を活用して、オリジナルのチャットプログラムをつくることができる。

このようなアプリの特徴を踏まえると、教員が丁寧に説明をする必要がないと分かる。むしろ、一斉に説明した方が学習者の効率は悪くなる可能性が高い。理解できる生徒は早く進めばよいし、習得に時間がかかる生徒も前に戻って内容を確かめながら進めることができるのだから、教員は必要に応じて個別に支援をしたり、相互作用が期待できる生徒同士を結びつけたりする役割りを果たすことが望ましい。

◆ クラウド上で必要な情報を共有

学習アプリへのアクセスは Classroom から行うようにした。ここでは、単にリンクの URL を貼るだけでなく、何を行うのか、どのように追究するのか、時間の目安、提出課題、評価方法、ルーブリックを授業のはじめに情報提供し、いつでもどこでも自分で確認できるようにした。さらに、生徒の追究に応じて、資料を追加したり、つまずいた時の参考となるように、他の生徒がつくった作品の一部を共有したりすることで、1人でも学習が進められるようにした。学習アプリだけでなく、課題解決に必要な各種データを共有できるのは、クラウドのメリットだと言える。

◆ ドリル学習の注意点

いつでも・どこでも生徒がアクセスできることで、中には家庭でも課題を先に進める生徒がいた。また、授業では、1人になって取り組む生徒や必要に応じて他の生徒に教わりながら課題に向かう生徒もいた。生徒にとっては学習効率が高まっていたと考える。

一方、学習アプリのドリル課題は、どこからでも始められるようになっているが、一定程度は順番に取り組まないと理解できないため、コンピュータの出す問題に取り組むうち、当初の学習課題に対する意識は薄れているようだった。そのため、どのような機能を追加すればより安全なチャットになるのか問い返したり、ルーブリックを確認するように促したり等、教員の支援が必要である。

学習アプリに頼るけれど任せない

教材となる学習アプリの選択肢は増えている。これを、クラウド上で共有すれば学習者にとっての学習効率は高まることが期待できる。一方で、学習アプリを使えば何でも解決できるかと言えば、当たり前だがそうではない。むしろ、教員がその特徴を理解し、どのような資質・能力を育成できるのか意識すること。そのうえで、必要な情報を開示するとともに、支援する役割りを果たすことで学習者の学習効果は高まると考える。

事例 29

中学校・家庭科（1年）

Google スライド、Google スプレッドシート

事例提供：長野県須坂市立東中学校　北原大介

「自作弁当の日」に向けた自由進度学習

自作弁当の振り返りをしよう

●実践を振り返ろう●

A：当てはまる〜D：当てはまらない　アルファベットに〇をしよう

栄養バランスを考え、工夫して
献立を立てることができましたか？　　Ⓐ　B　C　D

調理に積極的に挑戦し、技能(切る、
焼く等)をより高めることができましたか？　　Ⓐ　B　C　D

今後も家庭で調理しようという気持ちに
なりましたか？　　Ⓐ　B　C　D

お家の人からのコメント
（お家の人から感想を聞いて書きましょう。
可能ならば直接打ち込んでもらいましょう）

　今回は、おかずのカットするところから調理で
きたので、また、色々チャレンジしていけたらい
いと思います(●'‿'●)

自作弁当を実践してみてどうでしたか？感想や、今後の調理にい
かしたいことを書きましょう。

　今回は、いろどりと栄養のバランスを意識して献立を決めました。
オムライスをメインに、副菜などをバランスを考えて決めるのに苦労
しました。全部のおかずを自分で調理することができ、下ごしらえの
大切さと、お弁当作りの大変さを実感しました。一時期一日4人分もの
お弁当を作っていたお母さんにびっくりしました。今回のことを活か
して一人でお弁当を作れるようにしたいです。

　コロナ禍により調理実習を学校で実施することが難しい状況がある。そこで、学校行事として「全校自作弁当の日」を年2回取り入れた。家庭科の授業では、当日の朝、自分にぴったりのお弁当をつくれるように、献立づくり、栄養調べ、主菜の調理練習（肉の加熱調理）と課題を分け、取り組む順番も自由に選べるようにした。生徒はスプレッドシートの分量を確認したり、保護者と相談したりして、栄養バランスにも意識が向いていた。

◆ 逆転の発想

コロナ禍の影響により、中学校の家庭科の調理実習が困難になっている。そこで、勤務校では 2020 年より「全校自作弁当の日」を年間行事として設けた。制限があることで諦めるのではなく、実践の場を家庭に移すことで生徒にとっては意味のある学習に変わるチャンスだととらえた。生徒の学習には端末が必要であり、献立のデータやレシピの動画といった学習記録等、クラウド上で情報を共有することで、保護者にも学校での取り組みが可視化された。

◆ 自由進度学習の要素を取り入れる

本実践では、自作弁当を題材として「食事の役割り、栄養素の種類と働き、1 日に必要な食品の種類と概量、献立作成、肉の加熱調理」を扱うようにした。通常であれば、学習の順番は教科書に準じて行うところだが、これらを、A：献立づくり、B：食品及び栄養調べ、C：調理練習、と 3 つに分け、取り組む順番を自分で選択できるようにした。上記に加え、自由進度学習の要素を取り入れ、追究方法も自分で選んだり考えたりするようにした。例えば、A 課題では、端末を使ってレシピサイトを見る生徒もいれば、教科書にある献立を見る生徒もいた。また、教員が用意したレシピ本と図書館の本を見て考える生徒もいた。C 課題では、牛肉以外を条件に、自分の食べたい献立に沿った調理練習ができるように、地域の業者と連携して食材を調達し、1 人で 1 つの調理台を使った調理練習

図 1 同時間に異なる課題に取り組む生徒

を行うようにした。また、早く課題が終わった生徒は、発展学習として副菜の調理練習や関連する動画クリップ（NHK for School）を選んで取り組むように設定した。授業では、全 9 時間の追究時間をどのように使うのか自己調整しながら、終始意欲的に取り組む生徒の姿が見られた（図 1）。

◆ 家庭と学校をつなぐ

食品群ごとの分量をスプレッドシートでまとめた生徒は、家庭に持ち帰り、保護者と相談することを通して、実態に応じて内容を修正していた（図 2）。当日、家庭でお弁当をつくった生徒は、スライドに写真を添付するとともに、実践の振り返りを入力して学級間で共有した。

図 2 食品群ごとの分量は自動計算で確認

家庭実践が本番だから端末の活用も広がる

本実践は、生活の基盤となる家庭で調理実習することが生徒にとって意味のある学習になると考え、学校での授業時間は内容を精査することで通常より圧縮し、コンパクトにしている。また、生徒の意識や願いに沿って学習を進めるために、自由進度学習の要素（課題選択、時間調整、追究方法の選択）を取り入れた。このような授業デザインでは、端末を授業だけではなく、家庭で使うことへ自然と広がっていた。

事例 30

中学校・授業時間外（全学年 / 生徒会活動）

Google Meet、Google フォーム、Google スプレッドシート、Google サイト

事例提供：長野県坂城町立坂城中学校　柳沢 健

生徒が当たり前に使えるツールに

集会に必要なのは Chromebook のみ。Google Meet を使えば、場所も選ばずどこでもだれとでも集会を行うことが可能になった。また、準備の時間が大幅に短縮し、生徒だけでも集会の企画運営ができるようになった。全校の意見交流は、スプレッドシートを活用し、フォームに回答をすることで瞬時に全校の意見を集約し、表示できるようになった。

◆ 生徒が授業をつくる

文化祭の全校制作を生徒だけでなく保護者や地域の方を含めてつくり上げたいと考えた生徒会長は、参観日に保護者参加型の授業を計画した。PTA三役、生徒会三役、大学教授を交えたパネルディスカッションの様子をGoogle Meetを使ってリアルタイム配信し、それぞれの願いを伝えた。そして、教室にいる生徒のグループに保護者も入り、意見を交換し協働的に考え、それぞれの思いをスプレッドシートに入力した。全校の願いを共有したことで、ディスカッションはさらに熱を帯びていった。

生徒と保護者が一緒に語り合う場面で保護者にも端末を活用してもらうことで端末に対する保護者の理解や生徒の活用状況等を知ってもらえる機会となった。

生徒と共に保護者も一緒になって話し合う様子

◆ 授業以外でも当たり前の活用

生徒会は、「班対抗クイズ大会」を企画した。グループで協力して、話し合ったり、情報を収集したりと、試行錯誤しながらフォームでつくったクイズに答えていった。

フォームを使ってクイズを制作

誰もが知っているものから、知恵を絞ったり、インターネットで検索しないと分からないクイズを制作した。また、クイズに正解しないとに進めないように〈回答の検証〉で設定する等工夫が見られた。

◆ デジタル生徒会

これまで生徒会活動は、委員会ごとに集まり、話し合いや活動を行ってきた。全校への連絡は、校内放送で行うのが当たり前であったが、端末の活用が進むと、Classroomを使い、委員会ごとのClassroomを作成し、参集しなくても生徒会活動ができるようになった。生徒会活動の時間は、活動がない委員会を除きGoogle Meetで集まり、連絡や意見の集約を行うようになった。

生徒会ホームページ／お知らせや生徒活動等様々な情報をGoogleサイトを使って発信している

ここがポイント 活用場面と活用時間を増やす

生徒たちの柔軟な考えや自由な創造力によって生まれた活用方法に、毎回驚くとともに勉強させてもらっている。教員が「今までは、こうやっていた」という考えを思い切って見直し、また「端末を使って何ができるか」と活用方法を考えることに執着しないこと。それよりも、生徒たちに端末を触る場面と時間をどれだけ増やせるかがポイントだ。その結果、新たな活用方法が自然と生まれてくる。

中学校・授業時間外（全学年）

Google Workspace for Education の アプリ全般

事例提供：長野県坂城町立坂城中学校　柳沢 健

保護者と共に

　生徒の端末活用が進むほど、保護者の心配は増えていった。その心配の多くが、生徒たちの学習内容の定着に関するものであった。まずは保護者に、端末をどのように活用しているのか知ってもらう必要がある。

◆ 保護者に端末を使ってもらう

最初の参観日、校長講話の中で Chromebook を活用した新たな学びについての講話を行った。その中で、保護者にも実際に Chromebook を使ってもらう場面を設定した。保護者用にデ

保護者が Chromebook を使う場面を設定

モアカウントとパスワードを用意し、端末にログインしてもらうところからスタート。電源ボタンを押してからの起動の速さに驚いている人等、普段使っている情報端末と比べている人もいた。

Google Jamboard、Google フォームを使った意見交換では、他クラス、他学年の保護者の考えをリアルタイムに共有できることに「同じ場所にいなくても、意見が知れるなんて、確かに便利」と驚きの声を上げていた。Chromebook の便利さや新しい学びの一部を体感することができた様子だった。

◆ オンライン参観日・学年PTA

参観日を、Google Meet を使ってオンラインで実施した。3 年生は、保護者が横にいる中で立春式を行った。生徒 1 人ひとりが自分の言葉で堂々と発表していた。「1 人ひとりの声がはっきり聞こえたので、いつもよりも集中して聞けた」等、生徒から感想が出された。保護者からは、「今の状況では、学校へ行っての参観を諦めて

保護者と共にオンライン参観日を実施

学年 PTA をオンラインで実施

いたが、新しい形で実施していただき、ありがたかった」と好意的な感想が寄せられた。

参観授業の後は、各学年で Google Meet を利用して、学年 PTA を実施した。学校での様子等を画面共有したり、PTA 担当の保護者から説明をしてもらったりしながら行うことができた。また、質疑応答にも対応できるため、様々な不安を抱える保護者に対して、応えることもできた。

◆ 親子 Chromebook 体験会の実施

信州大学・佐藤和紀准教授に協力していただき、研究室の学生が講師になって、親子 Chromebook 体験会を実施した。学校で行われている授業のように、様々な Google アプリを使った模擬授業を行った。「（保護者も）初めて使うものだったので、普段学校でどのようなこ

保護者も生徒と同じように体験

とをしているのか知ることができたのはよかったです」という声が多かった。

ここがポイント

保護者にも学び方のアップデートを

実際に様々な場面で端末活用のよさを実感してもらうことで、保護者の心配や不安な思いはなくなっていく。新たな学び方に対する保護者の理解を深めるためには、見たり聞いたりすること以上に、「体験する」ことが近道だ。年度はじめなど保護者が集まる機会に端末に触れるちょっとした場面を設定したり、各家庭で親子で一緒に考えて入力したりする場面をつくってみるのもよいだろう。

中学校・技術科（3年）

Google スライド

事例提供：熊本県高森町立高森中学校　猿渡裕幸

協働的な家庭学習で
技術科の資質・能力を育成

　本実践は技術科におけるエネルギー変換の技術を題材としたものである。1人1台の端末と Google スライドを活用した「協働的な家庭学習」を実施することで授業を充実させ、技術科の資質・能力を育成することをねらいとした。技術科は生活との関連が深い教科であるため、学校での学びと日常生活がつながるような内容になることを目指した。本実践を通して、生徒の技術についての見方・考え方を育成することができた。

◆ 授業とつながる家庭学習

技術科は日常生活との関連が深い教科であり、生活の中から問題を発見し、課題を設定、解決していくことが求められている。今回の実践では「身の周りにあるエネルギー変換の技術を見つけ、技術の見方・考え方で評価しよう」という学習課題を生徒が設定し、授業と家庭学習が連動するような単元デザインを行った。

1時間目の授業では、「エネルギー変換」がそもそもどういったものなのかを学び、生徒は学校の中に多くの「エネルギー変換」があることに気づいた。その際に、製品を見る視点として社会からの要求や安全性、環境への負荷、経済性等技術の見方・考え方が活かせることを確認した。そこから日常生活へと考える範囲を広げ、自分たちの家にも多くの「エネルギー変換」があることに気づき、「身の周りにあるエネルギー変換の技術を見つけよう」という家庭学習

図1 家庭でスライドを作成

の課題を生徒が設定した。この課題の解決を目指して、個々の生徒が端末を活用し、家庭学習に取り組んだ（図1）。

内容はスライドに自分が見つけた「エネルギー変換」の製品の写真を貼り付け、技術の見

図2 生徒が作成したスライド

方・考え方で評価をした1枚のスライドを作成するものである。このスライドはクラウド上で常時共有されており、だれがどのような写真を撮影し、どのように評価をしているのかリアルタイムで把握することができる（図2）。

◆ 家庭での協働的な学び

2時間目の授業では、それぞれが家庭学習で見つけてきた「エネルギー変換」の製品をまとめた1枚のスライドを共有することで学びを深めた。同じ製品を撮影していても、着目点は社会からの要求や安全性等、それぞれが注目する部分が異なっているため、授業と通して技術の見方・考え方を深めることができていた。

この授業を通して「製品を技術の見方・考え方で評価しよう」という家庭学習を再度設定した。この家庭学習では、家庭で時間を十分に確保することで授業時間に身につけた技術の見方・考え方を働かせ、じっくりと質問や疑問を考えさせることをねらいとした。

方法としては、それぞれが作成したスライドに対して、コメント機能を活用し、非同時ではあるが「協働的な家庭学習」になるように工夫した。生徒が記入したコメントは授業で身につけた技術の見方・考え方を活かしたものであり、そのコメントをもとにスライドを再構成さ

図3 生徒が作成したスライドの変化の様子

せた。最初に自分が作成したものよりもスライドの内容を深めることができた（図3）。

ここがポイント 考えるための視点の明確化

どの授業においても当たり前のことになるが、家庭での学びを進めるためには、考えるための視点がより明確になっていなければならない。中学校では、教科の専門性がより強まるため、思考するための視点がなければ考えることを諦める生徒もでてくることが考えられる。そのような事態に陥らないためにも思考する視点を明確にしておきたい。今回はスライドを共有することで支援が必要な生徒も周りの生徒の表現の仕方を参考にしながら進めることができていた。

中学校・社会科（2年）

Google スライド、Google Jamboard

事例提供：熊本県高森町立高森中学校　日田湧大

身近な地域の調査

風鎮祭

8月中旬頃に2日間に渡って行われる。「肥後の三馬鹿騒ぎ」と言われている、熊本県高森町の中心部で行われる風を鎮め豊作を祈る伝統行事。江戸時代からの伝統行事で、若者が寸劇やおはやしを披露しながら町を練り歩き、寝ている町民に祭りの開始を知らせる「目覚まし」で幕を開ける。祭りの中で演じられる「にわか」は、国選択無形民俗文化財となり、記念の上演も企画されている。

僕は違う地域から高森に来たので風鎮祭のことを初めて知ることができました。

高森に無形民俗文化財があることがわかりました。

風を鎮め豊作を祈る行事であることを知りました。

Jamboard を活用し、グループごとに本町の特色を考えた。個々の生徒が考えた特色について分類し、調査テーマを決定した。調査活動は夏季休業中に行い、実際に現地に行って調査を行う生徒もいた。そして、夏季休業明けに授業で発表を行い、本町の魅力や課題についてスライドを使ってまとめた。この学びを、社会科の授業につなげ、授業内容をより身近な問題としてとらえることができるように工夫していきたい。

◆ 授業とつながる家庭学習

夏季休業前の授業の後半で、本町の特色について考察する時間をとった。本町の特色（魅力や課題）について Jamboard を活用し、個人でまとめた。生徒たちは、日本の地域的特色について学んだ後だったこともあり、その中で身につけた社会科の見方・考え方等を活用し、考察を進めていた。

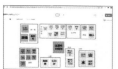

図1　グループごとにまとめた本町の特色

次に、グループごとにまとめる時間を設定した。生徒は個々の生徒からでてきた意見を分類し、各自の考えた本町の特色について意見共有を行っていた。そして、グループごとに分類した項目から、各自が夏季休業中に調査するテーマを決定した（図1）。

◆ 家庭での協働的な学び

夏季休業中の調査活動は個人で行い、Googleスライドにまとめた。これにより自主的にコメント機能等を活用し、グループ内で意見交流を行う様子も見られた。自分のスライドに記入されたコメント（他の生徒の意見）から、スライドの内容を修正したり、調査方法を変更したりする生徒も見られた。

調査活動は、スケジュールや調査方法はそれぞれの生徒が計画し、調査を進めていった。調査方法としては、夏季休業中という利点を生かし実際に現地を訪れて調査を行う生徒や、保護者にインタビューを行い、聞き取ったことを、

図2　夏季休業中にまとめたスライドの一部

スライドにまとめる生徒等がいた（図2）。

作成したスライドは、現地で撮影した写真や行政が作成した資料等が活用されており、根拠をもって分かりやすく、各自が設定したテーマについてまとめることができていた。

◆ 家庭での学びを授業に

夏季休業明けの最初の授業で、調査した内容についての報告会を行った。生徒を4つのグループ（各5人程度）に分け、報告会を進めた。発表後には、質疑応答の時間をとり、その発表から考えたことや感じたことをコメントとして記入するように指示した（図3）。

今回、生徒が調査を行い、まとめた内容は、今後の授業で活用していきたいと考えている。例えば、本町の地域に根付いている伝統行事（夏祭り）は、東北地方の学習と関連付けることができる。また、本町の少子高齢化の現状や財政状況などについては公民の学習等と関連付けることができる。

このように生徒が調査を行った内容について、授業と関連付けていくことで、授業で学習する内容が自分たちの身近な生活と密に関連していることを感じさせていきたい。

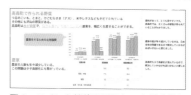

図3　コメント機能を活用し、意見交流を行った様子

ここがポイント 主体的に学びを進めるために

今回の学びが主体的な学びとなるように、学習の進め方について工夫を行った。個人やグループで考察した本町の特色をもとに、各自でテーマ設定を行った。自分の興味・関心に応じたテーマを設定することで、意欲をもって夏季休業中に調査活動に取り組むことができていた。スケジュールや調査方法等についても生徒に決定させた。また、クラウドを活用することで、協働的な学びを家庭でも行うことができるようにした。

小・中学校・総合的な学習の時間（5〜9年）

Google スライド、Google スプレッドシート、Google Meet

| 事例提供：熊本県高森東学園義務教育学校　北 慎一郎 |

地域の魅力を
動画で発信しよう！

持続可能な町づくりをテーマに5年〜9年生までの児童生徒を異学年合同でグルーピングし、5つのプロジェクトを立ち上げた。地域の伝統文化を探究するプロジェクトでは、地元で発見された栄養価の高い大豆の魅力を発信するためのPR動画を専門家（テレビ局）と協働して制作した。クラウドや各種アプリを活用し、専門家に質問したり家庭からオンライン会議をしたりと授業での学びと家庭での学びを連動させながら学びを展開した。

◆ スプレッドシートで計画表を作成

学習を始める際にプロジェクトのゴールを設定し、ゴールに向けてスプレッドシートを用いて学習計画表をで作成させた。

児童生徒が作成した学習計画表

プロジェクトの学習を 10 週に分けて表をつくり、課題の設定、課題追究、課題解決といった長期的な学習の大まかな流れを教員が提示した。その流れに沿って児童生徒が話し合い、授業で行うことと家庭で行うことを整理し記入、共有できるようにした。

◆ 専門家とスプレッドシートを共有

授業の中で解決できなかった課題や疑問は、家庭での学びで整理し、スプレッドシートに記

専門家と共有している質問シート

入させた。

そのスプレッドシートを専門家（テレビ局）と共有することで、児童生徒からの質問や問いに対するアドバイスを専門家に入力していただくようにした。

◆ Google Meet でスライドを共有し動画の構成を検討

Google Meet を活用し、家庭でオンライン会議を行う

授業の中で解決できなかった課題について課題解決を図るために家庭で Google Meet を活用しオンライン会議ができるようにした。

取材において撮影してきた動画を確認し、制作する PR 動画の構成について、プロジェクトのメンバーで会議を行った。

授業で作成した動画の構成スライドを画面共有しながら、動画の順番を入れ替えたり動画に入れるナレーションを考えたりと次の授業までに必要な工程を家庭で行った。

オンライン会議によって、授業では十分に話し合うことができなかったことや専門家への質問事項の打ち合わせ、協働で進める必要のある内容など各プロジェクトや各個人の進度に合

授業で作成したスライドを共有し PR 動画の構成について話し合う

わせて家庭での学びを行うことができた。児童生徒は家庭での学びを行ったことで、次時の授業においてもスムーズにプロジェクトを進めることができた。

ここが ポイント 授業の学びを家庭、社会へとつなげる

クラウド活用で、教室での学びが空間的に広がる。よってそのよさを活かし、児童生徒には、学ぶ場所や場面（学校・家庭）、課題解決に向けた学び方（個人学習・協働学習）を話し合わせることで学びのつながりを意識させ、学習計画表を作成させるようにする。専門家との連携も密にし、児童生徒の学びに応じてスプレッドシート（非同時接続）や Google Meet（同時接続）等を使い分けながら児童生徒の学びが滞ることなくつながっていくようにする。

自立した学習者の育成を目指す高森町の教育 DX

石井佑介 ●高森町教育委員会・審議員兼教育 CIO 補佐官

1 高森町の教育ビジョン

　本町では、平成 23 年 4 月に就任した町長の政策として、全家庭への光回線の整備や主産業である農業の ICT 化など、情報通信基盤の整備がスピード感をもって行われた。その政策を受けて、平成 24 年 3 月に「高森町新教育プラン（以下、本プラン）」を策定（平成 31 年 4 月第 3 次改定）した。

　各学校の ICT 環境は、本プランのねらいの 1 つである「高森町行政と連携した教育環境の整備」に基づき、平成 24 年度から段階的に、町内全ての学校を一斉に整備するとともに、校務の情報化も同時に進めてきた。教職員・児童生徒 1 人 1 台の情報端末の導入は平成 30 年度に完了している。令和 2 年 2 月の新型コロナウイルス感染拡大に伴う全国一斉臨時休業時には、いち早く町当局によって全ての児童生徒の家庭に Wi-Fi 環境が整備され、全国に先駆けて全学年でオンライン授業を実施することができた。

2 授業と家庭学習を連動した学びの展開

　ICT 機器を活用して家庭学習を変革することは、自立した学習者の育成を目指すうえで重要な柱の 1 つであると考えている。個別最適な学びと協働的な学びの一体的な充実を図

ることを目的として、児童生徒が端末を持ち帰り、家庭で活用する実践は今年で 6 年目を迎える。また、学習者用デジタル教科書の導入後は、教科書は学校に保管し、必要があれば端末とともに持ち帰るようにしている。

　現在、クラウドサービスを活用した授業と家庭学習の連動を町の研究軸の 1 つに掲げ、全ての学校において研究・実践が行われている。単元及び本時における学習課題を解決するために、家庭学習においても児童生徒が主体的にクラウドサービスを活用した個の学びと学び合いの充実が図られている。

　個の学びにおいては、個々のペースでじっくり考える時間をもつことができる。必要な情報を収集・分析したり、クラウドで共有されている児童生徒の考えを参考にしたりしながら、自分の考えをしっかりもったうえで授業に臨むことができる。

　学び合いにおいては、授業時間のみならず、家庭学習においても、児童生徒が主体的に協働制作を行ったり、Web 会議やコメント機能を使ったやりとりが行われたりしており、プレゼン資料などの制作物や課題に対するまとめの質の向上が顕著に表れている（図 1）。

　休み時間に教室を覗くと、タイピング練習をしている子、プログラミングをしている子、次の時間の説明資料を確認しているグループなど、端末を主体的に選択・活用している姿

図1　クラウドを活用した家庭での学び

がいつも見られる。各学校で定めた「端末活用のルール」の範囲内で、児童生徒には自由に使用させながら、教員は日常的な情報モラルに関する指導を必要に応じて行っていくことで、児童生徒の情報活用能力の育成を図ることが本町のスタイルである。

③ 大学生による
オンライン学習支援

本町では大学生によるオンライン学習支援の取り組みを数年前から行っている。主にプログラミング学習が展開されており、この取り組みは、児童のみならず教職員にとっても学びの場となっている（図2）。

令和4年度は、小学4年生以上を対象とした家庭学習サポートの取り組みが展開されており、各校の参加児童が主体的に学んでいる。この取り組みは夏季休業中にも実施され、児童の新たな学びの姿が構築されるとともに、教職員の働き方改革の観点からも注目すべき取り組みであると感じている。

図2　大学生によるオンライン支援

④ オンライン英会話

令和2年度から、小学校高学年以上を対象に、1対1のオンライン英会話レッスンを導入した（図3）。受講費用は全て町が負担し、会話中心の個別レッスンをオール イングリッシュで受けることで、英会話スキルの向上を目指している。

図3　1対1のオンライン英会話

⑤ タブレット図書館の運用

本町では令和2年度から「高森町タブレット図書館」の環境整備を進めてきた（図4）。1つの書籍や資料を複数人が同時に閲覧できるため、授業での活用が図られるとともに、休み時間や家庭においても主体的に読書を行う姿が見られる。

令和3年度は、年間約18,000件の閲覧数があった。この結果を受けて、情報基盤整備が完了している強みを活かし、本年度は町民向けタブレット図書館の運用を開始する計画が進んでいる。

図4　タブレット図書館の主体的活用

中学校の事例
まとめ

本書で取り上げた中学校の各実践の注目するべき点やポイントについて解説する。
ちょっとした工夫を取り入れることで家庭学習は充実し、
情報活用能力の育成にもつながる取り組みが行える。（山梨大学教育学部・准教授　三井一希）

1 情報を可視化するメリット（事例 24）

事例 24 は家庭学習としてのデジタルドリルの取り組み状況を Google スプレッドシートで共有するものであった。自分は何分くらい学習に取り組んだのか、テストに合格できたのかといったことを各生徒が共同編集機能を使って入力していく。教員は各生徒の状況を一覧で把握することができる。しかし共同編集にはそれ以上のメリットがある。生徒同士がお互いの状況を把握できる点である。「A さんは毎日○分くらい学習しているのか。自分ももう少し頑張ろう！」「B さんはもうテストに合格したのか。自分も早く合格しよう！」といった思いを生徒がもつことにつながる。

これまでの家庭学習は、課題を出した教員と課題を行った生徒間だけのやりとりであった。そこにクラウド機能が入ることで、仲間とのつながりが生まれ、仲間の姿から学ぶことが可能となった。

2 情報発信のハードルを下げる（事例 25）

事例 25 は身の回りにある環境保全に関するマークを探し、それを Google サイトにアップする実践であった。まず、端末を持ち帰り身の回りからマークを探すことで、学校

だけで探すよりも多様なマークを探せる可能性が高まる。さらに、見つけたマークを Google サイトで整理することで、構造化された見やすい情報発信ができる。

Google スライドや Google Jamboard を共有することでも同様のことはできるが、構造化して情報発信をするにはやはり Google サイトが適しているだろう。

小中学生の段階から Web サイトを作成する経験を積んでおくことで、学習場面に限らず、自分の趣味の情報を発信するなど日常生活のさまざまな場面で応用できる。

3 Google Chat を活用した情報共有（事例 26）

事例 26 は Google Chat を活用して生徒が自治的・自発的に七夕のイベントを行った実践であった。Chat があることで情報共有が行いやすくなり、意思決定のスピードが早くなった。Chat を使わずに同じことをやろうとすると、

1　各学級の代表者に集まるように連絡をする
2　各学級の代表者が集まり議論をする
3　議論の結果を各学級に伝達する
4　各学級から出た意見を吸い上げ、代表者が集まる会議で報告する

これでは時間も労力もかかる。これらの煩雑なフローを、Chat を活用することで大幅

にカットできる。

　学校でのチャットの活用は負の面が注目され、導入に踏み切れていない学校が多い。児童生徒が活用すれば当然失敗もある。それも含めて学習と捉えることが重要である。学校を卒業して社会に出てから失敗するよりは、学校という安心して失敗できる場所で失敗したほうがいい。教員も指導の機会を得られたと考えることが重要である。

　チャットを過度に制限することは、生徒の学びの機会を制限することとなり、機会損失にすらつながっていることに留意したい。

❹ 探究的に学ぶ家庭学習 （事例 27）

　事例 27 は、夏休みを使って生徒が地域の歴史ある場所を紹介する実践であった。どこを紹介するかは生徒に任されている。実際にその地を訪れ、写真や動画を撮影して Google スライドにまとめる。生徒は自分がおすすめしたい場所を紹介するので、読み手を意識して分かりやすく伝えようとする。結果的に表現力も磨かれていくであろう。

　この実践のように、生徒が探究的に学べるような家庭学習を目指したい。毎日は難しくても、せめて週末や長期休業中にはチャレンジしてみるのがよいだろう。課題がドリルやワーク、英単語や漢字の書き取りだけでは生徒に工夫の余地がない。その結果、「やらされている」課題になってしまう。生徒に選択や創意工夫の余地を残し、生徒自身が探究的に学べる課題を出すことが大切である。

❺ 家庭で学ぶプログラミング （事例 28）]

　事例 28 は、既存の教材を活用することで生徒が自分のペースでプログラミングを学べるように工夫している実践であった。さらに、

生徒が家庭でもプログラミングに取り組めるように十分な情報を提供できる環境を構築した実践であった。

　中学校でのプログラミングの内容は高度化している。一方で生徒の知識・技能の差は広がり、教室で一斉に同じ内容を指導することは非効率的となっている。そこで、生徒が自らの習熟度に応じて独学できるようにすることを支援したい。教員はそのための素材を用意したり、教員が指導しないと学びを進められない生徒の支援を行ったりすることに注力するとよい。また、授業時間だけでは十分なプログラミングの機会を確保することは難しい。そこで、家庭でも練習できる環境をつくることが重要なのだが、そのためにどのような情報を生徒に提供するのがよいかといった点で本実践を参考にしてほしい。

❻ 家庭で行う調理実習 （事例 29）

　事例 29 は、コロナ禍のなか学校で調理実習ができないので、家庭で調理実習を行った実践であった。学校では献立作成、栄養素の種類と働き等を学び、それらを生かして家庭では材料の買い出しや調理を行う。まさに学校の学びと家庭の学びの両輪が一体となって成し得た実践である。

　これまでの家庭学習は、学校で学習したことの定着のための演習、学校の授業についていくための予習など学校の授業がメインで、家庭学習はサブ的に位置付けられていることが多かった。しかし、本実践は学校の学びと家庭の学びが一体となることではじめて可能になるものであり、学校と家庭の学びをシームレスにつなげている実践とも言える。学校も家庭もクラウドを介してつながっているからこそ、生徒の学びも切れ目なくつながっているのだろう。

⑦ 生徒の主体を支えるツール（事例30）

事例30は、生徒会や生徒集会の活動において生徒主体の活動をGoogle MeetやGoogle Classroomが支える実践であった。生徒主体でクイズ大会をしたり、保護者と一緒に話し合ったりする場面においてクラウドツールをどのように活用すればよいのかについて参考になる。

もっと効率的に情報を伝達したい、話し合いの結果を素早く記録したい、全校生徒が参加できるイベントを実際したい、など生徒は「○○したい」という思いをもっているはずである。その思いを実現するのがクラウドツールである。このツールはどう使えばよいか、と考えるよりも生徒に委ねてしまったほうが案外生徒はうまく使いこなす。ツールを使うことが日常化して便利さを実感すれば、もはやツールがない状態には戻れない。それくらい便利なツールなのである。

教員は生徒が自由にクラウドツールを使える環境をつくり、生徒の創意工夫を見守る姿勢を大事にしたい。生徒の活用から授業での活用のヒントをもらうこともある。生徒を信じる、という姿勢が何より大事である。

⑧ 保護者も体験を通じて学ぶ（事例31）]

事例31は、保護者に端末に触れてもらい、クラウドツールを使うとどんなことができるかを体験してもらう実践であった。保護者懇談会のなかで触れてもらう、親子体験教室を開催して触れてもらうなど本実践のようにさまざまな場面の設定が考えられる。

1人1台端末が入ったものの、保護者は自身が小中学生の頃に端末を活用した学習経験を有していないため、イメージがわかない。

イメージがわかないことは警戒し、過剰な心配へとつながりやすい。そこで、保護者に端末を活用してもらい、どのようなことができるかを理解してもらうことが欠かせない。共同編集といった機能は文章や口頭で説明してもなかなか伝わりにくい。だからこそ体験してもらうのがいちばんである。

クラウドツールを体験した保護者の多くは、便利さを理解し、我が子が使いこなせるようになることを期待する。そのタイミングで授業では普段どんな活用をしているかを、生徒の学習成果物や授業中の写真を提示しながら説明するとよい。保護者の理解が得られれば、きっと端末の活用を応援してくれ、家庭でも生徒へ声を掛けたりすることにつながるであろう。

⑨ 多様な見方・考え方に触れる（事例32）

事例32は、身の回りからエネルギー変換技術が使われているものを見つける実践であった。授業と日常生活との関連を図るうえで家庭学習との連携は欠かせない。クラウドツールがあることで家庭の学びと学校の学びをうまく連携することが可能となる。

家庭からエネルギー変換の技術が使われているものを見つける活動はこれまでも行われてきた。しかし、Googleスライドを活用することでこの活動がより充実する。つまり、クラウド上でスライドを共有しておくことで、生徒が調べたものを相互に閲覧できる環境を構築できる。自分が調べたものを報告するだけでなく他の生徒が調べたものから新たな見方や考え方に触れることができる。そして、自分ひとりの中の閉じた学びではなく、仲間とともにつくる学びへと変容させることが可能となる。

調べ活動を行うと手が付かない生徒が出る

ことが予想される。そのようなときは共有された他の生徒のスライドを見ることでヒントを得られる。一方で、クラウドで共有すると他者の考えを写してしまう生徒が出ると否定的な意見も聞かれるが、果たしてそうだろうか。他者の考えからヒントを得て、自分の考えをつくればよいのであって、他者からインスピレーションを得ることも十分に有り得る。多様な見方・考え方に触れられることこそが協働的に学ぶよさと言える。こうした活動が家庭にいても可能になることがクラウドツールを介して学ぶよさであろう。

⑩ 夏休みを活用した調査活動 （事例33）

事例33は、社会科の授業で地域の特色について学習したあとで、夏休みを使って生徒が探究的な学びを行った実践であった。夏休み中に各生徒が探究的な学びができるように直前の授業でどのような足場を掛けておけばよいかといった点で参考になる実践である。

学習の基盤となる資質・能力の1つである情報活用能力を育成するには探究のプロセスを意識することが重要だとされている。学習指導要領ではこの探究のプロセスを次のとおりに整理している。

1　課題の設定
2　情報の収集
3　整理・分析
4　まとめ・表現

1人1台端末やクラウドツールがあることでこの探究のプロセスに沿った学びが行いやすくなった。具体的には、インターネット上から情報の収集をしたり、直接現地へ行ってカメラ機能を使いながらインタビューをしたりする。遠隔地であれば Google Meet を使ってインタビューをすることも可能である。そして、集めた情報を Google Jamboard で整理する。また、Google スライドを使って発表資料をつくることもできる。

クラウドツールは結果だけでなく、学びの過程を共有することが可能である。そのため、教員は生徒が進めていることに対して、途中でコメントを入れて価値付けることができる。さらに、なかなか進まない生徒に対しては具体的にコメントを入れて活動のヒントを与えることができる。

夏休みや冬休みといった長期休業中はじっくり探究的な学びに取り組む時間をつくりやすい。だからこそ、生徒が目的意識をもって探究的な学びに取り組めるように休み前の授業で適切な足場を掛けるようにしたい。

⑪ 時間や空間の制限を超える クラウドツール（事例34）

事例34は、地元産の大豆の魅力を発信するための PR 動画をテレビ局と協働で制作する実践であった。異学年でチームをつくり、探究的な学びを進めている点も興味深い。

デジタルのメリットの1つに、時間的・空間的な制限を超えられることが挙げられる。本実践のように、授業中に解決できなかった課題や疑問を家庭学習でスプレッドシートに整理することで時間的な制約を超えることができる。クラウドで共有されているので、学校・家庭関係なく同じデータにアクセスできる。また、整理した Google スプレッドシートをテレビ局のスタッフと共有することで、地理的に離れていても、生徒が出した疑問や課題に対して場所的な制約を超えてスタッフからコメントをもらうことができる。

このように時間や場所を問わず、これまで以上につながりやすくなったことも端末やクラウドツールを使うメリットである。

家庭に端末を持ち帰る際、どのようなことに気をつければよいか、悩ましいところです。ここでは、実際に持ち帰りをスタートさせた学校や地域で、同僚教員や保護者から受けた質問をまとめてみました。教員や保護者が抱える悩みに答えるために、Q&A形式で、そのポイント・留意点を解説します。

（中村学園大学教育学部・教授　山本朋弘）

Q1　何のために持ち帰るのでしょうか？

A1　学校と家庭での学びをこれまで以上につなぎ、児童生徒の自立した学びを支えることが最終目的といえます。ですから、教員が与える課題に限らず、児童生徒が自ら選び、自ら決めて、情報端末を活用した家庭学習を進めることができるようにします。情報端末を持ち帰ることで、学びは多様化されて、学校だけではできない学びに発展していくかもしれません。

→「はじめに」、概説で、詳しく説明しています。

Q2　持ち帰る際には、事前にどんな指導をすればいいでしょうか？

A2　持ち帰る際には、校内で統一したルールをつくり、周知していきましょう。持ち帰りの方法、端末の破損の可能性、使用上の注意などを確認して、児童生徒や保護者に理解してもらう資料を配付するなど、事前の指導を校内で共通して進めるようにしましょう。

Q3　家庭に情報端末を持ち帰る際のルールはどうしたらよいでしょうか？

A3　家庭に持ち帰る際や持ち帰って活用する際のルールを明確に示すことが必要です。使用時間や使用場所などから、学習の目的で使うようにして、学習以外で使わないことや決められた時間の中で使うことを具体的に示すようにします。

　以下は、文部科学省が、1人1台端末の利用に当たり、「学校設置者・学校・保護者等との間で事前に確認・共有しておくことが望ましい主なポイント」として、児童生徒が端末を扱う際のルールを示したものです（以下「文科省の示す望ましいポイント」）。参考にして、継続的に指導することが望まれます。（出典：https://www.mext.go.jp/content/20220303-mxt_shuukyo01-000020967_4.pdf　以下同）

1．児童生徒が端末をを安全・安心に活用するために気を付けること
（項目例）
- 使用時間を守る
- 端末・アカウント（ID）・パスワードを適切に取り扱うこと
（例: 第三者に端末を貸さない、第三者にアカウント（ID）・パスワードを教えない 等）

- アプリケーションの追加／削除、設定の変更は、学校設置者・学校の指示に沿って行う
- 端末を使うときは、落としたり、ぬらしたりしないように注意する
- 学習に関係のない目的では使わない（特に学校備品の端末の場合）
- 充電は学校や学校設置者が定めたルール以外の方法を行わない

Q4 視力や姿勢など、健康面で気になることがありますが……?

A4 健健康面での配慮は、家庭での活用でもきちんと指導しておくことが必要です。学校で行っている指導と同じように、家庭でも進めてもらうように保護者に理解してもらいましょう。

　以下は、文科省の示す望ましいポイントです。参考にして、継続的に指導することが望まれます。

健康面への配慮

（項目例）

- 端末を使用する際に良い姿勢を保ち、机と椅子の高さを正しく合わせて、目と端末の画面との距離を30 cm 以上離す（目と画面の距離は長ければ長い方が良い）
- 長時間にわたって継続して画面を見ないよう、30分に 1 回は、20 秒以上、画面から目を離して、できるだけ遠くを見るなどして目を休める
（学校や家庭において、遠くを見る際の目標物を児童生徒が考え、話し合う機会 を持つなどにより、目を休めることの重要性を伝えることも考えられる）
- 端末を見続ける一度の学習活動が長くならないよう

にする
- 画面の反射や画面への映り込みを防止するために画面の角度や明るさを調整する
- 部屋の明るさに合わせて、端末の画面の明るさを調整する（一般には、夜に自宅で使用する際には、昼間に学校の教室で使用する際よりも、明るさ（輝度）を下げることが推奨される）
- 就寝 1 時間前からは ICT 機器の利用を控える
（睡眠前に強い光を浴びると、入眠作用があるホルモン「メラトニン」の分泌が阻害され、寝つきが悪くなるため）　　　　　　　　　　　　　　　等

Q5 Wi-Fi 環境がない家庭にはどのように対応したらよいでしょうか?

A5 各家庭の環境調査を学校で行い、必要な家庭には、ポケット Wi-Fi を貸し出している地域や学校もあります。その場合、通信料は保護者負担としているケースも見られます。Wi-Fi 環境がないから端末の持ち帰りを控えるという消極的な考え方ではなく、市町村や教育委員会、学校が協力しながら、各家庭の通信環境を把握しながら、その改善にもつなげていきましょう。

Q6 有害な情報や不適切な情報を見ないようにするには どうしたらよいでしょうか?

A6 有害な情報や不適切な情報を除去するフィルタリングが設定されている場合は、そのフィルタリング機能を保護者に説明するようにします。また、フィルタリングに頼らずに、児童生徒自身が不適切な Web サイト等を閲覧しないように指導することも大切です。

Q7 動画配信サイトは視聴してもよいのでしょうか?

A7 動画配信サイトは、学習の目的であれば、積極的に視聴させて問題はありません。娯楽などのように、学習の目的以外で視聴することは望ましくないと思います。児童生徒に、閲覧・視聴する情報・映像が望ましい内容かどうかをしっかり考えさせる場を設けることも大切なことです。

※Wi-FiではなくLTEによる通信機能を使用されている場合は、契約に応じたデータ容量が定められているためご注意ください。

Q8 情報端末で、個人情報などの扱い方はどのようにすればよいのでしょうか?

A8 児童生徒に、情報端末やインターネットの特性と個人情報の扱い方を正しく理解させて活用させることが必要です。他人に迷惑をかける行動やネット上で不適切な行動とならないよう、児童生徒だけでなく、保護者も一緒に話し合って、しっかり考えることが重要です。例えば、撮影や録画、個人情報の書き込み、誹謗中傷の書き込みなど、家庭や学校で話し合って考えていくようにします。

　以下は、文科省の示す望ましいポイントとして、端末やインターネットの特性と個人情報の扱い方が示されたものです。参考にして、継続的に指導することが望まれます。

2. 端末・インターネットの特性と個人情報の扱い方
（留意点の例）
・本人の許可を得ることなく写真を撮ったり、録音・録画したりしない
・児童生徒が自分や他人の個人情報（名前、住所、電話番号、メールアドレスなど）を、誰もがアクセスできるインターネット上に不用意に書き込まない

・他人を傷つけたり、嫌な思いをさせることを、ネット上に書き込まない
・不適切なサイトにアクセスしない
・インターネット閲覧時に、通知の許可を求められてもむやみに許可しない
・インターネット上のファイルには危険なものもあるので、むやみにダウンロードしない

Q9 トラブルが起きた場合にどのように対応すればよいでしょうか?

A9 トラブルが起きた場合の連絡や問い合わせ方法等を、保護者と学校できちんと共有しておくことが必要です。家庭でトラブルが生じた際に、その問い合わせ先を保護者に知らせておきます。また、故障や破損、紛失、盗難、ネット上のトラブル等が発生した場合の対応手順や連絡先も学校から保護者に伝えておくようにしましょう。家庭や保護者と、学校や教育委員会の間で情報を共有しておくことが重要です。

Q10 家庭での保管や充電はどうしたらよいでしょうか?

A10 学習机やリビング等の家庭内で保管する場所を、家庭で考えてもらうようにしましょう。落下や水回りには気を付けるようにし、決めた場所で保管するようにします。また、家庭でも情報端末の充電を行うようにして、学校ですぐ利用できるように依頼することが望ましいです。

Q11 端末を破損した場合、どうなりますか? 修理費は誰が払うのでしょうか?

A11 破損の状況によって、保護者に弁償をお願いするケースがあることを学校から説明するようにします。通常の使用を行っていた場合の故障や不具合は学校や教育委員会で負担するケースも見られますが、通常の利用方法から外れている利用の仕方（破壊・水没など）の場合は、保護者負担となる場合があります。配布や家庭での利用に関する確認書を配布して、破損時の対応を保護者に確認してもらうようにします。

Q12 児童生徒同士がチャットでやりとりして大丈夫でしょうか?

A12 学習の目的で、児童生徒同士がチャットでやりとりをして高め合っている事例も見られます。チャットでのやりとりのルールを児童生徒に考えさせて、協力し合うためのツールとなることを児童生徒や保護者に伝えていくようにします。各家庭では、児童生徒と保護者が相談しながら時間を決め、取り組んでもらいます。

Q13 チャット内容は保護者も見てよいのですか？

A13 児童生徒がどのようなやりとりをどのようなタイミングでされているのかを見てもらい、気になるような内容があれば、家庭で保護者に指導してもらったり、保護者から担任に知らせてもらったりするようにします。学校や教育委員会によってはチャットスペースに担任も入り、気になることがあれば担任に知らせてもらったりするようにしているケースも見られます。

Q14 夏休みに旅先（自由研究で旅行先のことについてまとめたい）や帰省先に端末を持って行ってもよいでしょうか？

Q14 学校や教育委員会が許可しているのであれば、保護者の管理のもと、自宅以外の場所で使うのは問題ありません。校外においても、修学旅行や見学旅行で持ち出している事例も見られます。学習のために、児童生徒が大切に扱うのであれば、旅先や帰省先で活用させることも考えられます。

Q15 持ち帰る荷物が重いのですが、どうすればよいでしょうか？

A15 学校や家庭で、児童生徒が持ち帰る荷物を精選するようにしましょう。今後は、学習者用デジタル教科書等、情報端末で活用できるコンテンツが増えていきます。紙の教科書等は、本当に持ち帰る必要があるのか見直していき、場合によっては、学校や家庭に置いて利用する教材もでてくると思います。

Q16 持ち帰りのルールを守らない子はどうするのですか？

A16 持ち帰りのルールを守れない場合には、情報端末の利用を控えるようにすることを指示します。正しく使うことが理解できるようになったら、利用を再開するようにします。

Q17 持ち帰りたくない子はどうするのですか？

A17 学校からの課題を家庭で端末を用いて進める等、持ち帰る必然性がある場合を除き、端末を日常的に持ち帰るかどうか、児童生徒の判断に任せる場合もでてきます。また、家庭学習の内容によって持ち帰らないことを判断することもでてくると思います。児童生徒が自分で考えて、端末を持ち帰るのかどうかを決めることも大切です。学校での保管場所を校内で共通理解しておくことも必要です。

参考：文部科学省（2021c）GIGAスクール構想の下で整備された1人1台端末の積極的な利活用等について（通知）．https://www.mext.go.jp/content/20210312-mxt_jogai01-000011649_002.pdf

まとめ　山本朋弘 ●中村学園大学教育学部・教授

授業と家庭学習をつなぐパターン

本書では、これまでに情報端末の持ち帰りを実践してきた学校の好事例を紹介し、そのポイントや留意点を解説してきました。最後に、情報端末の持ち帰りによって、授業と家庭学習をつなぐ意義や、その具体的な展開パターンを整理して解説します。

1 授業と家庭学習をつなぐ意義とは

本書では、家庭学習で情報端末を主体的に活用する事例を見てきました。しかし、それだけではなく、1人1台端末やクラウド環境を活用して、授業と家庭学習をつなぐことができないかを考えてみました。

なぜ、授業と家庭学習をつなぐ必要があるのでしょうか。それは、主体的な学びは授業と授業以外で分けてとらえられるわけではなく、児童生徒の学びはあらゆる場面で継続しているからなのです。ですから、授業と家庭学習をつなぎ、シームレス（つなぎ目のない）な学びとなるように支援する必要があります。

これまでの家庭での学びを振り返ってみると、教員が与えた宿題や課題を受動的に進めることが多く、児童生徒が家庭で自立的に学んでいる様子は少なかったのではないでしょうか。

アルフィー・コーン（2020）は、宿題の是非に関する議論を整理して、従来の宿題の方法では効果が十分ではないこと、さらに「学ぶことを学んでいない」と指摘しています。これは、教員や保護者は学習者である児童生徒の視点に立ち、学ぶことの意義や面白さを伝え、児童生徒が自立的に学ぶように支援することが重要であるということです。さらに、同じくアルフィー・コーン（2020）は、も

し宿題を与えるとした際には、「宿題は教師自身が作成する」「全員同じものにしてはならない」「保護者を巻き込む」「成績評価を止める」等をポイントとして挙げています。これらは、端末を持ち帰り、児童生徒が学びを進める際にも、参考になる視点と言えます。

さて、児童生徒が自分で課題を考えて、自らの計画の元に、進んで学習してくれるようになれば、真の自立した学びと言えますが、なかなかそのようには進まないことは教員であれば誰もが実感することと思います。また、授業の中で児童生徒がそれぞれのペースで進めるような個別最適化された学びに対応すれば、授業内に学びが収まることは少なく、どこかでさらに学びの場をつくる必要があります。本書で示した事例の多くは、端末を家庭に持ち帰り、家庭での学びを支援するだけでなく、授業と家庭学習をつなぎ、自立した学びや個別最適な学びへと高めていくことをねらいとしています。

アルフィー・コーン（2020）宿題をめぐる神話〜教育改革への知恵と勇気を与えるために〜. 丸善プラネット（訳：友野清文、飯牟禮光里）

2 事例での学びの連続性

本書の事例から、情報端末を持ち帰り、児童生徒が家庭学習で活用する様子が見えてきました。これらの事例では、単に家庭で端末を活用して学習するだけでなく、授業と家庭学習をつないで、学習の深化を図る取り組み

が見られます。

　情報端末の持ち帰りで授業と家庭学習をつなぐことによって、活動が途切れない「シームレス」な学びに高めることができます。児童生徒の思考や意欲が授業で途切れることのないように、授業以外の場面でも支援していくことが必要です。例えば、社会科の授業で、学習成果をプレゼンにまとめる活動が終わらなければ、休み時間や放課後に自主的に学習を続ける児童生徒もいるはずです。もし、授業以外に情報端末を保管庫に片付けさせ活用させないのであれば、せっかくの主体的な学びを消し去ってしまうことになりかねません。例えば、小中学校で行われる研究授業を参観すると、授業終末での振り返りの時間が確保できず、授業者が「後は各自でやっておくように」とコメントして終わる様子を目にします。授業と家庭学習を継続的につなぐようにすることで、各自が振り返る時間を家庭で行うことも可能となり、さらに1人ひとりのペースに対応することも可能となります。

　本書で取り上げた事例では、家庭での学習に情報端末を活用させて、児童生徒に主体的な学びを経験させるとともに、授業と家庭学習をつなぐ手法をうまく取り入れながら進めていることが分かります。ここでは、これらの事例を含め、授業と家庭学習をつなぐ実践の進め方として、以下の5つのパターンで整理して解説してみます。

授業と家庭学習をつなぐパターン

（1）反転学習型
（2）振り返り・復習型
（3）撮影・省察型
（4）資料作成・共有型
（5）伝え合い継続型

---

❸ 授業と家庭学習をつなぐパターン

（1）反転学習型

　反転学習型では、教員があらかじめ用意した課題に家庭で取り組ませて、授業前に各自が考えをもつことができるように支援するモデルです。情報端末上で映像を視聴させて、自分で考えをもつ場面までを家庭で実践します。授業では、クラスで考えを出し合い、伝え合いから始まります。視聴させる映像や資料は、教員が作成する場合と、既に用意されているコンテンツを活用する場合があります。

　家庭で課題に取り組ませることで、個人でじっくり考える時間を確保することができ、個々の学習ペースに対応することができるようになります。例えば、教員が用意した動画を家庭で視聴させる場合でも、考えをもつことができるまで、何度も視聴する等、各自の学習状況への対応が可能となります。

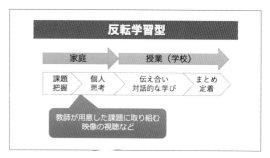

　この反転学習型のモデルにおいて配慮すべき点は、家庭での課題把握や個人思考と、授業での伝え合いとの間でどの程度の期間を設けるかがポイントとなります。期間を長くすると、課題把握や個人思考の時間を長くすることができる反面、児童生徒が課題を忘れがちになることも考えられます。

（2）振り返り・復習型

　振り返り・復習型では、授業内容に関する振り返りを家庭で行ったり、復習したりする

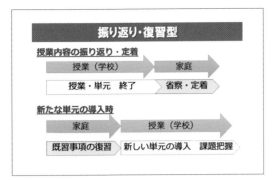

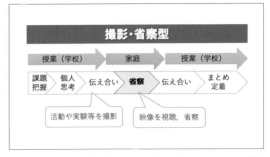

モデルです。Google ドキュメントや Google スプレッドシート、Google スライド等に振り返りを記録していくことが考えられます。ドキュメントやスプレッドシートでの振り返りでは、紙面での場合と比べて、振り返りの蓄積が共有できるメリットがあります。手書きよりも、修正や加筆がしやすく、継続化が進めやすくなります。

　授業の振り返りだけでなく、新たな学習内容や単元の導入時に、前学年までに学習した既習事項を復習する方法も考えられます。これは、教員側があらかじめ用意して既習事項を知らせるケースも考えられますが、小学校の高学年や中学校では、児童生徒自ら既習事項を復習できることが期待されます。また、情報端末上のドリルを用いて、学習したことを復習して、学習内容の定着を自ら行うことが考えられます。

　この振り返り・復習型では、児童生徒が個別に振り返りを行うだけでなく、他の児童生徒と協力して振り返りを共有したり、相互評価したりすることも考えられます。

　また、教員やドリルアプリから問題を与えられるだけでなく、児童生徒が問題を作成して、それらの問題をお互いに解き合うなどの取り組みも行われるようになってきています。

（3）撮影・省察型

　撮影・省察型は、授業や家庭で情報端末のカメラ機能を用いて撮影・記録したり、記録

した映像等を視聴して省察したりするモデルです。

　例えば、体育の授業で撮影した各自の動きの動画を家庭に持ち帰り、その動きを見ながら振り返ることができます。図画工作や美術でも同様に、制作途中の作品を撮影・記録して、作成についての振り返りを行うことが可能となります。

　学校で撮影した動画を家庭で振り返るだけでなく、家庭で撮影して学校で振り返る場合もあります。例えば、音楽では、家庭で縦笛（リコーダー）の演奏を録画して教員に提出したり、他の児童生徒と一緒に振り返ったりすることができます。

体育授業で技を撮影する様子

家庭で楽器の演奏を録画する様子

この撮影・省察型では、単一時間レベルで動画等を持ち帰って振り返るだけでなく、単元や年間レベルで自分の変容をメタ認知的に見ていくように支援することが大切です。例えば、体育の跳び箱運動で撮影した技の動画をクラウドに蓄積していき、単元導入と終末でどのように変わったかを考えさせ、自らの成長を確かめるように支援していきます。

前頁（p.122）下の写真は、水上村立岩野小学校が取り組んだ体育科での事例です。この事例では、小学校体育において、実技の映像を授業で録画して、その動画を家庭で視聴して振り返る撮影・省察型の持ち帰りを実践しています。

外国語のスピーチを共有する画面

ション等の作成といった伝え合いに必要となる資料を作成する際に、家庭での資料作成を進めるというモデルです。国語科や社会科でのレポートを作成する場面を授業と家庭学習で継続させることが可能となり、1人ひとりのペースに合った学びを進めることができます。

上の写真は、武雄市立北方中学校が取り組んだ外国語科での事例です。この事例では、中学校英語において、自宅で生徒がスピーチを録画して共有するといった資料作成・共有型の持ち帰りを実践しています。

（4）資料作成・共有型

資料作成・共有型は、各自が家庭で発表資料を作成したり、作成した資料を共有したりするモデルです。

最近では、授業で情報端末を用いて発表資料を作成する機会が増えています。社会科や総合的な学習の時間等において、学習内容のまとめとして、各自がプレゼンテーションのスライドを作成するなどが挙げられます。これらの実践において、作成する時間の確保が課題となっています。それは、授業でプレゼンテーションのスライドを作成する際に、1人ひとりのペースが異なり、授業時間内で完成できない児童生徒が出てきます。また、もっとよく仕上げたいという子も出てきます。

この資料作成・共有型は、プレゼンテー

（5）伝え合い継続型

教室での伝え合いの場面は、グループでの話し合いが盛り上がっていても、授業時間の終わりが来れば、途中でも一旦止めざるを得ません。児童生徒はもっと話し合いたいという思いをもったまま、授業者がまとめに入る様子を参観したことがあります。

この伝え合い継続型では、教室で終わらない伝え合いを家庭でも継続できるようにするモデルです。

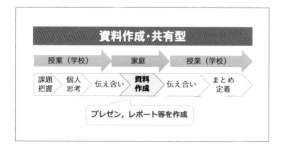

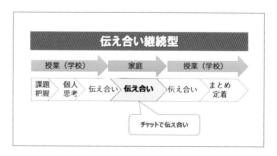

Google Chat で伝え合いを続ける様子

　児童生徒は、各家庭でチャットや Web 会議等を使って、話し合ったり情報を共有したりしながら、考えを出し合います。チャットやデジタル付箋を活用して、非対面だからこそ、伝え合いが活性化されることが出てきます。相手の顔が見えないからこそ、本音で伝え合うことができる場面もあります。教室にて対面で伝え合った後に、非対面の方法で伝え合いを深めて、さらにその続きを教室で伝え合うことも考えられます。

　上の写真は、高森町立高森中央小学校が取り組んだ社会科での事例です。この事例では、小学校社会で、Google Chat を利用して授業の伝え合いを継続させる伝え合い継続型の持ち帰りを実践しています。

❹ 成功につながるポイント

　本書で紹介した事例の共通点を整理してみると、成功につながるポイントを以下のようにまとめることができます。

（1）まずは、できることからやってみる

　家庭でのネット環境で格差があるからスタートできない等、家庭への持ち帰りを躊躇する声を聞きます。「できない」理由を見つけるのではなく、「できる」ことからやってみて、軌道修正していけばよいのです。まず、家庭への持ち帰りを学校内で共通理解して、保護者や地域にもその目的を伝えて、児童生徒の自立的な学びを支えていくことが大切です。

　例えば、家庭で体育や音楽、行事等の動画を視聴したり、家庭でスピーチや楽器の演奏を録画したりする等、できることからスタートすることが大切です。

（2）児童生徒が自分で選び、決める場面

　家庭で学習に用いるコンテンツや資料等を児童生徒自身で選ぶようにすることが、主体的な学びにつながる第1歩と言えます。教員が準備したコンテンツであっても、その中から児童生徒が選ぶ場面があれば、自分で選んだことにつながります。

　また、学習方法やスケジュールを児童生徒自身が決めて、家庭学習を進めることも考えられます。適切な方法か、計画的であるかといった点を重視するのでなく、まずは児童生徒が自分で選び、自分で決めることを優先することも必要です。

（3）個々のペースで進める

　授業時間では、限られた時間内に学習を進めていくので、1人ひとりの学習進度に対応することは難しい場面が多くなります。しかし、家庭での学習は、自分のペースでじっくり学習を進めることもできる場でもあります。端末を持ち帰り、個々のペースで学習を進めることが可能となります。また、1人ひとりの理解度は異なるので、動画を繰り返し視聴して理解を深めることも考えられます。

（4）友だちや教師とともに学ぶ

　1人1台端末とクラウド環境を活用することで、家庭に居ながらにして、児童生徒同士相談できる環境が構築されるようになります。また、教員に個別に質問できるようになり、教室で発表するのが苦手な児童生徒も進んで参加できるようになります。クラウド環境を有効に活用することで、教室以外でも対話的な学びを進めることが可能となるので

す。

　例えば、制作した作品に対して、児童生徒同士でコメントをもらう相互評価が可能となり、多くの他者からもらった評価でさらに作品を高めようとする事例も見られます。また、算数の問題を解決する場面で、Chat を用いて、児童生徒同士教え合いながら、協力して難問を解決するような学びを進めることも可能となります。

（5）保護者と学ぶ場

　1人1台端末やクラウド環境を、家庭で児童生徒と保護者が一緒に活用することが考えられます。学校での学びやプレゼンの練習など、児童生徒が保護者に説明する場面などが考えられます。特別支援学級での活用では、教室での学びの様子を動画で撮影して、その様子を家庭で保護者にも見てもらう取り組みを行っています。

　児童生徒が端末をどのように活用しているか、保護者にも理解してもらうことが可能となります。さらに、家庭での情報端末やスマホ、インターネットなどの適切な利用について、保護者と児童生徒が一緒に考える場にもつながります。

（6）地域に学ぶ場

　地域での探究学習に1人1台端末を活用している事例も出てきました。児童生徒が自ら課題を設定して、地域の特徴ある場所や建造物などを調べたり、地域の専門家や専門機関から学んだりしています。端末のカメラ機能で地域を撮影して共有したり、デジタルマップで地域を調べたり、専門家とオンラインでつないで学んだりして、多様な学びが展開されるようになりました。総合的な学習の時間と家庭学習を関連付けながら、地域での活動を通して自ら探究する学習が進められるようになっています。

⑤ さいごに

　ここまで、本書の事例で見られる授業と家庭学習をつなぐシームレスな学びを整理しました。これらの事例から、どのような授業や学びに今後発展していくのか、以下の2点でまとめます。

（1）学びの個性化

　本書の事例では、「個別最適な学び」に対応した事例が多く見られます。それらの多くは、「指導の個別化」だけではなく、「学びの個性化」に向けた方向性を提案しています。「学びの個性化」では、個々の児童生徒に応じた異なる方法で学びを進め、児童生徒が自らどのような方向性で学習を進めるかを考えるように、学びを支援するのです。教員が課題や宿題を与える家庭学習から、児童生徒が自ら考える家庭学習に移行していくことが求められます。

（2）静かなる協働学習

　教室での協働学習では、グループやクラス全体で児童生徒が話し合いながら進める様子が見られます。本書で取り上げた家庭への持ち帰り事例では、話し合う場面よりも、コメントやチャットでやり取りしながら協働する学習が多く見られます。それらは、「静かな」協働学習であり、共同制作や共同編集、相互評価といった、これからの時代に対応した学びの姿と言えます。

　情報端末の家庭への持ち帰りをすでに開始した学校や地域も多く存在します。やってみたら、順調に進んでいて、児童生徒の学びが少しずつ変わってきたという声も聞くようになりました。情報端末を家庭に日常的に持ち帰ることが当たり前になり、児童生徒が自立した学習者となることを切に願います。

●編著者

堀田龍也 （ほりた たつや）

東北大学大学院情報科学研究科・教授，東京学芸大学大学院教育学研究科・教授，信州大学教育学部附属次世代型学び研究開発センター・特任教授
1964 年熊本県天草生まれ。東京学芸大学教育学部卒業。博士（工学）（東京工業大学）。東京都公立小学校・教諭，富山大学教育学部や静岡大学情報学部・助教授，メディア教育開発センター・准教授，玉川大学教職大学院・教授。文部科学省・参与等を経て，2014 年より現職。中央教育審議会・委員，同教科書・教材・ソフトウェアの在り方 WG・主査等を歴任。2021 年より日本教育工学会・会長。著書に『学校アップデート』（さくら社），『情報社会を支える教師になるための教育の方法と技術』（三省堂），『クラウドで育てる次世代型情報活用能力』（小学館）など

佐藤和紀 （さとう かずのり）

信州大学教育学部・准教授
1980 年長野県軽井沢生まれ。東北大学大学院情報科学研究科修了，博士（情報科学）。東京都公立小学校・主任教諭，常葉大学教育学部・専任講師等を経て，2020 年より現職。文部科学省 教育の情報化に関する手引 執筆協力者，同「GIGA スクール構想に基づく 1 人 1 台端末の円滑な利活用に関する調査協力者会議」委員，同 ICT 活用教育アドバイザー等を歴任。2021 年より日本教育工学会・代議員。著書に『情報社会を支える教師になるための教育の方法と技術』（三省堂），『1 人 1 台端末活用パーフェクト Q ＆ A』（明治図書），『ICT 活用の理論と実践：DX 時代の教師をめざして』（北大路書房）など

山本朋弘 （やまもと ともひろ）

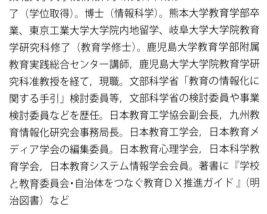

中村学園大学教育学部・教授・メディアセンター長
東北大学大学院情報科学研究科早期修了（学位取得）。博士（情報科学）。熊本大学教育学部卒業、東京工業大学大学院内地留学、岐阜大学大学院教育学研究科修了（教育学修士）。鹿児島大学教育学部附属教育実践総合センター講師，鹿児島大学大学院教育学研究科准教授を経て，現職。文部科学省「教育の情報化に関する手引」検討委員等，文部科学省の検討委員や事業検討委員などを歴任。日本教育工学協会副会長，九州教育情報化研究会事務局長。日本教育工学会，日本教育メディア学会の編集委員。日本教育心理学会，日本科学教育学会，日本教育システム情報学会会員。著書に『学校と教育委員会・自治体をつなぐ教育ＤＸ推進ガイド』（明治図書）など

三井一希 （みつい かずき）

山梨大学教育学部・准教授
1982 年山梨県北杜市生まれ。熊本大学大学院教授システム学専攻修了，博士（学術）。山梨県公立小学校・教諭，台北日本人学校（台湾）・教諭，常葉大学教育学部・専任講師を経て，2022 年より現職。文部科学省 ICT 活用教育アドバイザー，日本教育工学協会理事，静岡県総合教育センター研究顧問，熊本大学教授システム学研究センター連携研究員等を歴任。著書に『1 人 1 台端末活用パーフェクト Q ＆ A』（明治図書），『小学校低学年 1 人 1 台端末を活用した授業実践ガイド』（東京書籍）など

●事例提供者（掲載順）

織田裕二　信州大学教育学部附属松本小学校
伊藤真紀　長野県信濃町立信濃小中学校
横山誠二　熊本県水上村立岩野小学校
小林 翼　熊本県高森町立高森中央小学校
福島健太　熊本県高森町立高森中央小学校
佐藤 優　熊本県高森町立高森中央小学校
浅井公太　静岡県静岡市立南部小学校
吉田康祐　静岡県静岡市立番町小学校
大川雅也　長野県上田市立北小学校
後藤弘樹　静岡県静岡市立清水駒越小学校
久川慶貴　愛知県春日井市立藤山台小学校
望月 健　山梨県南アルプス市立落合小学校
小林一澄　山梨県上野原市立上野原西小学校
三宅倖平　鹿児島大学教育学部附属小学校
菅瀬 英　山梨県上野原市立上野原西小学校
津田 歩　熊本県高森東学園義務教育学校
山川敬生　愛知県春日井市立松原小学校
山﨑寛山　新潟県見附市立西中学校
小川 晋　愛知県春日井市立高森台中学校
北原大介　長野県須坂市立東中学校
柳沢 健　長野県坂城町立坂城中学校
猿渡裕幸　熊本県高森町立高森中学校
日田湧大　熊本県高森町立高森中学校
北 慎一郎　熊本県高森東学園義務教育学校

●コラム執筆者（掲載順）

櫻田誠二　長野県 飯田市教育委員会・教育指導専門主査
山主公彦　山梨県 甲府市教育委員会・指導主事
石井佑介　熊本県 高森町教育委員会・審議員兼教育 CIO 補佐官

Google ドキュメント、Google スプレッドシート、Google スライド、Google ドライブ、Google Meet、Google Jamboard、
Google サイト、Google カレンダー、Google Earth、Google Chat、Chromebook および YouTube は、Google LLC の商標です。

GIGA スクールはじめて日記 3
情報端末持ち帰り

2023 年 3 月 31 日　初版発行

編者者　堀田龍也・山本朋弘　佐藤和紀・三井一希
発行者　横山験也
発行所　株式会社さくら社
　　　　〒 101-0051　東京都千代田区神田神保町 2-20 ワカヤギビル 5F
　　　　TEL：03-6272-6715 ／ FAX：03-6272-6716
　　　　https://www.sakura-sha.jp　郵便振替 00170-2-361913

ブックデザイン　佐藤 博
印刷・製本　中央精版印刷株式会社

ⓒ 堀田龍也・山本朋弘・佐藤和紀・三井一希　2023, Printed in Japan
ISBN978-4-908983-65-8　C0037
＊本書の無断複写・複製・転載を禁じます。
＊乱丁・落丁本は、送料小社負担にてお取り換えいたします。